AF389965

D. SANCHE D'ARRAGON,

COMEDIE HEROIQVE

A PARIS,

Chez GVILLAVME DE LVYNE,
au Palais, en la Gallerie des
Merciers, fous la montée de
la Cour des Aydes.

___

M. DC. LIII.

AVEC PRIVILEGE DV ROY.

Extraict du Priuilege du Roy.

PAR GRACE ET PRIVILEGE DV ROY, Il est permis au Sieur de CORNEIL-LE, de faire imprimer vne Comedie intitulee , *Dom Sanche d'Arragon*, pour le temps de dix ans, & deffences font faites à toutes autres de l'imprimer, fans fon confentement , fous les peines portées par le dit Priuile , donné à Paris l'onziefme Auril , mil fix cens cinquante.

Les Exemplaires ont efté fournis.

Acheué d'imprimer à Paris le 15. Septembre 1653.

A MONSIEVR DE ZVYLICHEM,

CONSEILLER ET SECRETAIRE DE MONSEIGNEVR LE PRINCE D'ORANGE

ONSIENR,

Voicy vn Poëme d'vne espece nou-uelle, & qui n'a point d'exemple chez les Anciens. Vous cognoissez l'humeur de nos François, ils ayment la nouueauté, & ie hazarde non tam meliora, quam noua, sur l'esperance de les mieux diuertir. C'estoit l'honneur des Grecs dés le temps d'Æschyle, apud quos.

Illecebris erat, & grata nouitate morandus
Spectator.

Et si ie ne me trompe, c'estoit aussi celle des Romains,
  Vel qui Prætextas, vel qui docuere Togatas,
  Nec minimum meruere decus, vestigia Græca
  Ausi deserere.

Ainsi i'ay du moins des exemples d'auoir entrepris vne chose qui n'en a point. Ie vous aduoüeray toutesfois, qu'a-pres l'auoir faite, ie me suis trouué fort embarassé à luy choisir vn nom. Ie n'ay iamais pû me resoudre à celuy de Tragedie, n'y voyant que les personnages qui en fussent dignes. Cela eust suffi au bon hôme Plaute, qui n'y cher-

é ij

ciroit point d'autre finesse: parce qu'il y a des Dieux & des
Roys dans son Amphitruon, il veut que c'en soit vne ; &
parce qu'il y a des valets qui bouffonnent, il veut que ce
soit aussi vne Comedie, & luy dõne l'vn & l'autre nom,
par vn composé qu'il forme exprés, de peur de ne luy donner pas tout ce qu'il croit luy appartenir. Mais c'est trop
déferer aux personnages, & considerer trop peu l'action.
Aristote en vse autrement dans la définition qu'il fait de
la Tragedie, où il décrit les qualitez que doit auoir celle cy,
& les effets qu'elle doit produire, sans parler aucunement
de ceux-là : & i'ose m'imaginer que ceux qui ont restraint
cette sorte de Poëme aux personnes illustres, n'en ont decidé
que sur l'opinion qu'ils ont euë, qu'il n'y auoit que la fortune des Roys & des Princes, qui fust capable d'vne actiõ
telle que ce grand maistre de l'Art nous prescrit. Cependãt
quand il examine luy-mesme les qualitez necessaires au
Heros de la Tragedie, il ne touche point du tout à sa naissance, & ne s'attache qu'aux incidens de sa vie & à ses
mœurs. Il demande vn hõme qui ne soit ny tout méchãt,
ny tout bon ; il le demande persecuté par quelqu'vn de ses
plus proches ; il demande qu'il tombe en danger de mourir
par vne main obligee à le conseruer : & ie ne voy point
pourquoy cela ne puisse arriuer qu'à vn Prince, & que
dans vn moindre rang on soit à couuert de ces malheurs.
L'histoire dédaigne de les marquer, à moins qu'ils ayent
accablé quelqu'vne de ces grandes testes, & c'est sans doute pourquoy iusqu'à present la Tragedie s'y est arrestée.
Elle a besoin de son appuy pour les euenemens qu'elle traite, & comme ils n'ont de l'esclat que parce qu'ils sont hors
de la vray-semblance ordinaire, ils ne seroient pas croya-
bles sans son authorité, qui agit auec empire, & semble
commander de croire ce qu'elle veut persuader. Mais ie ne
comprens point ce qui luy defend de descendre plus bas,
quand il s'y rencontre des actions qui meritent qu'elle
prenne soin de les imiter, & ie ne puis croire que l'Hospi-

talité violee en la personne des filles de Scedase, qui n'estoit
qu'vn payſan de Leuctres, ſoit moins digne d'elle, que
l'aſſaſſinat d'Agamemnon par ſa femme, ou la vengean-
ce de cette mort par Oreſte ſur ſa propre mere. Quitte
pour chauſſer le Cothurne vn peu plus bas.

Et Tragicus plerumque dolet ſermone pedeſtri.

Ie diray plus, MONSIEVR, la Tragedie doit exciter de
la pitié & de la crainte, & cela eſt de ſes parties eſſen-
tielles, puis qu'il entre dans ſa definition. Or s'il eſt vray
que ce dernier ſentiment ne s'excite en nous par ſa repre-
ſentation, que quand nous voyōs ſouffrir nos ſemblables,
& que leurs infortunes nous en font apprehender de pa-
reilles : n'eſt-il pas vray auſſi qu'il y pourroit eſtre excité
plus fortemēt, par la veuë des malheurs arriuez aux perſonnes de noſtre condition, à que nous reſſemblons tout à
fait, que par l'image de ceux qui font trebucher de leurs
Trônes les plus grands Monarques, auec qui nous n'auons
aucun rapport, qu'entāt que nous ſommes ſuſceptibles des
paſſions qui les ont iettez dans ce precipice, ce qui ne ſe rē-
contre pas touſiours? Que ſi vous trouuez quelque apparē-
ce en ce raiſonnemēt, & ne deſapprouuez pas qu'on puiſſe faire vne Tragedie entre des perſonnes mediocres, quād
leurs infortunes ne ſont pas au deſſous de ſa dignité ; permettez moy de conclurre à ſimili, que nous pouuons faire
vne Comedie entre des perſonnes illuſtres, quād nous nous
en propoſons quelque auāture, qui ne s'eleue point au deſſus de ſa portee. Et certes, apres auoir leu dans Ariſtote que
la Tragedie eſt vne imitation des actions, & non pas des
hōmes, ie penſe auoir quelque droit de dire la meſme choſe
de la Comedie, & de prendre pour Maxime que c'eſt par
la ſeule conſideration des actions, ſans aucun égard aux
perſonnages, qu'on doit determiner auquelle eſpece eſt vn
Poeme Dramatique. Voilà, MONSIEVR, bien du diſ-
cours, dont il n'eſtoit pas beſoin pour vous attirer à mon
party, & gaigner voſtre ſuffrage en faueur du tiltre que

i'ay donné à D. Sanche. Vous ſçauez mieux que moy tout
ce que ie vous dis; mais comme i'en fais confidence au Pu-
blic, i'ay creu que vous ne vous offenceriez pas, que ie
vous fiſſe ſouuenir des choſes dont ie luy dois quelque lumiere. Ie continuëray donc, s'il vous plaiſt, & luy diray
que D. Sãche eſt vne veritable Comedie, quoy que tous les
Acteurs y ſoient, ou Roys, ou Grãds d'Eſpagne, puiſque on
n'y voit naiſtre aucun peril, par qui nous puiſſions eſtre
portez à la pitié, ou à la crainte. Noſtre auanturier Carlos
n'y court aucune riſque. Deux de ſes riuaux ſont trop ialoux de leur rang pour ſe commettre auec luy, & trop genereux pour luy dreſſer quelque ſupercherie. Le mépris qu'ils
en font ſur l'incertitude de ſon origine ne deſtruit point en
eux l'eſtime de ſa valeur, & ſe change en reſpect, ſi toſt
qu'ils le peuuent ſoupçonner d'eſtre ce qu'il eſt veritablement, quoy qu'il ne le ſçache pas. Le troiſiéme lie la partie
auec luy; mais elle eſt incontinent rõpuë par la Reyne, &
quand meſme elle s'acheueroit par la perte de ſa vie, la
mort d'vn ennemy par vn ennemy n'a rien de pitoyable,
ny de terrible, & par conſequent rien de Tragique. Il a de
grands déplaiſirs, & qui ſemblent vouloir quelque pitié
de nous, lors qu'il dit luy-meſme à vne de ſes Maiſtreſſes,

Ie plaindrois vn amant qui ſouffriroit mes peines;
mais nous ne voyons autre choſe dans les Comedies, que
des amants qui vont mourir, s'ils ne poſſedent ce qu'ils ayment, & de ſemblables douleurs ne preparãts aucun effet
Tragique, on ne peut dire qu'elles aillẽt au deſſus de la Comedie. Il tombe dans l'vnique malheur qu'il apprehende,
il eſt decouuert pour fils d'vn Peſcheur : mais en cet eſtat
meſme il n'a garde de nous demander noſtre pitié, puis
qu'il s'offençe de celle de ſes riuaux. Ce n'eſt point vn Heros à la mode d'Euripide, qui les habilloit de lambeaux
pour mendier les larmes des ſpectateurs : celuy-cy ſouſtiẽt
ſa diſgrace auec tant de fermeté, qu'il nous imprime plus
d'admiration de ſon grand courage, que de compaſſion de

son infortune. Nous la craignons pour luy autant qu'elle
arriue, mais cette crainte n'a sa source que dans l'interest
que nous prenons d'ordinaire à ce qui touche le premier
Acteur, & se peut ranger inter communia vtriusque
Dramatis aussi-bien que la recognoissance qui fait le
Dénoüement de cette Piece. La crainte Tragique ne deuã-
ce pas le malheur du Heros, elle le suit ; elle n'est pas pour
luy, elle est pour nous, & se produisant par vne prompte
application que la veuë de ses malheurs nous fait faire sur
nous mesmes, elle purge en nous les passions que nous en
voyons estre la cause. Enfin ie ne voy rien en ce Poëme qui
puisse meriter le nom de Tragedie, si nous ne voulons nous
contenter de la definition qu'en donne Auerroes, qui l'appelle simplement VN ART DE LOVER. En ce cas nous
ne luy pourrons dénier ce tiltre sans nous aueugler volon-
tairement, & ne vouloir pas voir que toutes ses parties ne
sont qu'vne peinture des puissantes impressiõs, que les rares qualitez d'vn honneste homme font sur toute sorte
d'esprits, qui est vne façon de loüer assez ingenieuse, &
hors du commun des Panegyriques. Mais i'aurois mauuai-
se grace de me préualoir d'vn Autheur Arabe, que ie ne
cognois que sur la foy d'vne traduction Latine, & puisque
sa Paraphrase abrege le texte d'Aristote en cet article, au
lieu de l'estendre, ie feray mieux d'en croire ce dernier, qui
ne permet point à cet Ouurage de prendre vn nom plus re-
leué, que celuy de Comedie. Ce n'est pas que ie n'aye hesité
quelque temps sur ce que ie n'y voyois rien qui pûst émou-
uoir à rire. Cet agrement a esté iusqu'icy tellement de la
pratique de la Comedie, que beaucoup ont creu qu'il estoit
aussi de son essence, & ie serois encor dans ce scrupule, si ie
n'en auois esté guery par vostre M. Heinsius, de qui ie
viens d'apprendre heureusement, que Mouere risum nõ
constituit Comediam, sed plebis aucupium est, &
abusus. Apres l'authorité d'vn si grand homme, ie serois
coupable de chercher d'autres raisons, & de craindre d'e-

EPISTRE.

ftre mal fondé à souſtenir que la comedie ſe peut paſſer du ridicule. I'adiouſte à celle-cy l'Epithete de Heroïque, pour ſatisfaire aucunement à la dignité de ſes Perſonnages, qui pourroit ſembler profanee par la baſſeſſe d'vn tiltre, que iamais on n'a appliqué ſi haut. Mais apres tout, MON-SIEVR, ce n'eſt qu'vn Interim, iuſqu'à ce que vous m'aïez appris comme i'ay dû l'intituler. Ie ne vous l'a-dreſſe, que pour vous l'abandonner entierement ; & ſi vos Elzeuiers ſe ſaiſiſſent de ce Poëme, comme ils ont fait de quelques-vns des miens qui l'ont precedé, ils peuuent le faire voir à vos Prouinces, ſous le tiltre que vous luy ingerez plus conuenable, & nous executerons icy l'Arreſt que vous en aurez donné. I'attens de vous cette inſtruction auec impatience, pour m'affermir dans mes premieres penſees, ou les reietter comme de mauuaiſes tentations. Elles flotteront iuſques-là, & ſi vous ne me pouuez accorder la gloire d'auoir aſ-ſez appuyé vne nouueauté, vous me laiſſerez du moins celle d'auoir paſſablement defendu vn Paradoxe. Mais quand meſmes vous m'oſterez toutes les deux, ie m'en conſoleray fort aiſement, parce que ie ſuis tres-aſſeuré que vous ne m'en ſçauriez oſter vne qui m'eſt beaucoup plus precieuſe. C'eſt celle d'eſtre toute ma vie.

MONSIEVR,

Voſtre tres-humble, & tres-
obeïſſant ſeruiteur,
CORNEILLE.

ARGVMENT.

On Fernand Roy d'Arragon chaffé de ſes Eſtats par la reuolte de D. Garcie d'Aya-la, Comte de Fuenſalida, n'auoit plus ſous ſon obeïſſance que la ville de Cara-laiud, & le territoire des enuirons, lors que la Reyne D. Leonor ſa femme accoucha d'vn fils qui fut nommé D. Sanche. Ce déplorable Prince craignant qu'il ne demeuraſt expoſé aux fu-reurs de ce rebelle, le fit auſſi-toſt enleuer par D. Raymond de Moncade ſon confident, afin de le faire nourrir ſecrettement. Ce Caualier trouuant dans le village de Bubierça la femme d'vn Peſcheur nouuel-lement accouchée d'vn enfant mort, luy donne ce-luy-cy à nourrir, ſans luy dire qui il eſtoit ; mais ſeulement qu'vn iour le Roy & la Reyne d'Arragon le feroient Grand, lors qu'elle leur feroit preſenter par luy vn petit eſcrin qu'en meſme temps il luy donna. Le mary de cette pauure femme eſtoit pour lors à la guerre, ſi bien que reuenant au bout d'vn an, il prit ayſement cet enfant pour ſien, & l'eleua comme s'il en euſt eſté le pere. La Reyne ne peut ia-mais ſçauoir du Roy où il auoit fait porter ſon fils, & tout ce qu'elle en tira, apres beaucoup de prieres, ce fut qu'elle le recognoiſtroit vn iour quand on luy preſenteroit cet eſcrin, où il auoit mis leurs deux portraits auec vn billet de ſa main, & quelques au-tres pieces de remarque : mais voyant qu'elle con-tinuoit touiours à en vouloir ſçauoir dauantage, il arreſta ſa curioſité tout d'vn coup, & luy dit qu'il eſtoit mort. Il ſouſtint apres cela cette malheureu-ſe guerre encor trois ou quatre ans, ayant touiours quelque nouueau deſauantage, & mourut enfin de deplaiſir & de fatigue, Laiſſant ſes affaires deſeſpe-

rées, & la Reyne grosse, à qui il conseilla d'abandonner entierement l'Arragon, & se refugier en Castille. Elle executa ses ordres, & y accoucha d'vne
fille nommée D. Eluire, qu'elle y eleua iusques à
l'aage de vingt ans. Cependant le ieune Prince D.
Sanche qui se croyoit fils d'vn Pescheur, dés qu'il en
eut atteint seize, se dérobe de ses parents, & se iette
dans les armées du Roy de Castille, qui auoit de
grands guerres contre les Maures, & de peur d'estre
cognu pour ce qu'il pensoit estre, il quitte le nom
de Sanche qu'on luy auoit laissé, & prend celuy de
Carlos. Sous ce faux nom il fait tant de merueil-
les, qu'il entre en grande consideration auprés du
Roy D. Alfonse, à qui il sauue la vie en vn iour de
bataille : mais comme ce Monarque estoit prest de le
recompenser, il est surpris de la mort, & ne luy laisse autre chose que les fauorables regards de la Reyne D. Isabelle sa sœur & son heritiere, & de la
ieune Princesse d'Arragon D. Eluire, que l'admiration de ses belles actions auoit portées toutes deux
iusques à l'aymer, mais d'vn amour estouffé par le
souuenir de ce qu'elles deuoient à la dignité de
leur naissance. Luy-mesme auoit conceu aussi de la
passion pour toutes deux, sans oser prétendre à pas
vne, se croyant si fort indigne d'elles. Cependant
tous les Grands de Castille ne voyant point de Roys
voisins qui peussent épouser leur Reyne, pretendent
à l'enuy l'vn de l'autre à son mariage, & estants
prests de former vne guerre ciuile pour ce suiet, les
Estats du Royaume la supplient de choisir vn mary
pour éuiter les malheurs qu'ils en préuoyoient deuoir naistre. Elle s'en excuse, comme ne cognoiss-
sant pas assez particulierement le merite de ses pré-
tendants, & leur commande de choisir eux-mesmes
les trois qu'il en iugent les plus dignes, les asseurant
que s'il se rencontre quelqu'vn entre ces trois pour
qui elle puisse prendre quelque inclination, elle l'es-
pousera. Ils obeïssent, & luy nomment D. Manrique

de Lare, D. Lope de Guzman, & D. Aluar de Lune, qui bien que paſſionné pour la Princeſſe D. Eluire, euſt creu faire vne laſcheté, & offenſer ſa Reyne, s'il euſt reietté l'honneur qu'il reçeuoit de ſon païs par cette nomination. D'autre coſté les Arragonnois ennuyez de la tyrannie de D. Garcie & de D. Ramire ſon fils, les chaſſent de Sarragoſſe, & les ayant aſſiegez dans la fortereſſe de Iaca, enuoyent des Deputez a leurs Princeſſes refugiées en Caſtille, pour les prier de reuenir prendre poſſeſſion d'vn Royaume qui leur appartenoit. Depuis leur depart ces deux Tyrans ayant eſté tuez en la priſe de Iaca, D. Raymond qu'ils y tenoient priſonnier depuis ſix ans, apprend à ces peuples que D. Sanche leur Prince eſtoit viuant, & part auſſi-toſt pour le chercher à Bubierça, où il apprend que le Peſcheur qui le croyoit ſon fils, l'auoit perdu depuis huiĉt ans, & l'eſtoit allé chercher en Caſtille ſur quelques nouuelles qu'il en auoit euës par vn ſoldat qui auoit ſeruy ſous luy contre les Maures: il pouſſe auſſi-toſt de ce coſté-là, & ioint les Deputez comme ils eſtoient preſts d'arriuer. C'eſt par ſon arriuée que l'Auenturier Carlos eſt recognu pour le Prince D. Sanche; apres quoy la Reyne D. Iſabelle ſe donne à luy du conſentement meſmes des trois que les Eſtats luy auoient nommez, & D. Aluar en obtient la Princeſſe D. Eluire, qui par cette recognoiſſance ſe trouue eſtre ſa ſœur.

ACTEVRS.

D. ISABELLE Reyne de Castille

D. LEONOR Reyne d'Arragon.

D. ELVIRE Princesse d'Arragon.

BLANCHE Dame d'honneur de la
Reyne de Castille.

CARLOS Caualier incognu, qui se
trouue estre D. Sanche Roy d'Arragó

D. RAYMOND DE MONCADE fa
uory du deffunt Roy d'Arragon.

D. LOPE DE GVSMAN
D. MANRIQVE DE LARE   } Grands d
D. ALVARE DE LVNE   } Castille.

La Scene est à Valladolid.

D. SAN-

D. SANCHE D'ARRAGON,

COMEDIE HEROIQVE.

ACTE I.

SCENE PREMIERE.

D. LEONOR, D. ELVIRE.

D. LEONOR.

Pres tant de mal-heurs enfin le Ciel propice
S'eſt reſolu, ma fille, à nous faire iuſtice,
Noſtre Arragon pour nous preſque tout reuolté
Enleue à nos Tyrans ce qu'ils nous ont oſté,
Briſe les fers honteux de leurs iniuſtes chaines,
Se remet ſous nos loix & recognoit ſes Reynes,
Et par ſes Deputez qu'auiourd'huy l'on attend
Rend d'vn ſi long exil le retour éclatant.

A

Comme nous, la Castille attend cette iournée
Qui luy doit de sa Reyne asseurer l'Hymenée:
Nous l'allons voir icy faire choix d'vn époux;
Que ne puis-ie, ma fille, en dire autant de vous?
Nous allons en des lieux sur qui vingt ans d'ab-
　sence
Nous laissent vne foible & douteuse puissance,
Le trouble regne encor où vous deuez regner :
Le peuple vous rappelle & peut vous dédaigner;
Si vous ne luy portez au retour de Castille
Que l'aduis d'vne mere　& le nom d'vne fille,
D'vn mary valeureux les ordres & le bras
Sçauroient bié mieux que nous asseurer vos Estats.
Et par des actions nobles, grandes, & belles,
Dissiper les mutins　& domter les rebelles.
Et vous ne manquez pas d'amants dignes de vous:
On ayme vostre sçeptre, on vous ayme, & sur tous
Du Comte D. Aluar la vertu non commune
Vous ayma dans l'exil & durant l'infortune.
Qui vous ayma sans sceptre & se fit vostre appuy,
Quand vous le recouurez, est bien digne de luy.
D. ELVIRE.

Ce Comte est genereux, & me l'a fait paroistre,
Aussi le Ciel pour moy l'a voulu recognoistre,
Puisque les Castillans l'ont mis entre les trois
Dont à leur grande Reyne ils demandent le choix;
Et comme ses riuaux luy cedent en merite,
Vn espoir à present plus doux le sollicite:
Il regnera sans nous; mais Madame, apres tout,
Sçauez-vous à quel choix l'Arragon se resout,
Et quels troubles nouueaux i'y puis faire renaistre
S'il voit que ie luy méne vn estráger pour maistre?
Montons de grace au Trône, & de là beaucoup
　mieux
Sur le choix d'vn espoux nous baisserons les yeux.
D. LEONOR.

Vous les abaissez trop, vne secrette flame
A desia malgré-moy fait ce choix dans vostre ame,

De l'inconnu Carlos l'éclatante valeur
Aux merites du Comte a fermé voftre cœur.
Tout eft illuftre en luy, moy-mefme ie l'aduouë,
Mais fon fang que le Ciel n'a formé que de bouë,
Et dont il cache exprés la fource obftinément.....
                D. ELVIRE.
Vous pourriez en iuger plus fauorablement,
Sa naiffance incognuë eft peut-eftre fans tache:
Vous la préfumez baffe à caufe qu'il la cache,
Mais combien a-t'on veu de Princes déguifez
Signaler leur vertu fous des noms fuppofez,
Domter des Nations, gaigner des Diadémes,
Sans qu'aucun les cognuft, fans fe cognoiftre eux-
        mémes ?
                D. LEONOR.
Quoy, voylà donc enfin dequoy vous vous flattez?
                D. ELVIRE.
J'ayme & prife en Carlos fes rares qualitez,
Il n'eft point d'ame noble à qui tant de vaillance
N'arrache cette eftime & cette bien-veillance;
Et l'innocent tribut de ces affections
Que doit toute la Terre aux belles actions,
N'a rien qui deshonore vne ieune Princeffe.
En cette qualité ie l'ayme & le careffe,
En cette qualité fes deuoirs affidus
Me rendent les refpects à ma naiffance deus.
Il fait fa Cour chez moy comme vn autre peut
        faire :
Il a trop de vertus pour eftre temeraire;
Et fi iamais fes vœux s'échapoient iufqu'à moy,
Ie fçay ce que ie fuis & ce que ie me doy.
                D. LEONOR.
Daigne le iufte Ciel vous donner le courage
De vous en fouuenir & le mettre en vfage.
                D. ELVIRE.
Vos ordres fur mon cœur fçaurót toufiours regner.
                D. LEONOR.
Cependant ce Carlos vous doit accompagner?

Doit venir iufqu'aux lieux de voftre obeïffance
Vous rendre ces refpects deus à voftre naiffance,
Vous faire comme icy la Cour tout fimplement?
        D. ELVIRE.
De fes pareils la guerre eft l'vnique élement;
Accouftumez d'aller de victoire en victoire,
Ils cherchent en tous lieux les dangers & la gloire.
La prife de Seuille & les Mores défaits
Laiffent à la Caftille vne profonde paix :
S'y voyant fans employ, fa grande ame inquiete
Veut bien de D. Garcie acheuer la défaite,
Et contre les efforts d'vn refte de mutins
De toute fa valeur hafter nos bons deftins.
        D. LEONOR.
Mais quand il vous aura dans le Trône affermie,
Et iette fous vos pieds la puiffance ennemie,
S'en ira-t'il foudain aux climats eftrangers
Chercher tout de nouueau la gloire & les dägers?
        D. ELVIRE.
Madame, la Reyne entre.

SCENE II.

D. ISABELLE, D. LEONOR,
D. ELVIRE, BLANCHE.

D. LEONOR.

Auiourd'huy donc, Madame
Vous allez d'vn Heros rendre heureufe la flame,
Et d'vn mot fatisfaire aux plus ardents fouhaits
Que pouffent vers le Ciel vos fideles Suiets ?
        D. ISABELLE.
Dites, dites pluftoft qu'auiourd'huy, grandes Rey-
nes,

Ie m'impofe à vos yeux la plus dure des gefnes,
Et fais deffus moy-mefme vn illuftre attentat
Pour me facrifier au repos de l'Eftat.
Que c'eft vn fort fafcheux & trifte que le noftre
De ne pouuoir regner que fous les loix d'vn autre!
Et qu'vn fçeptre foit creu d'vn fi grand poids pour
     nous,
Que pour le fouftenir il nous faille vn efpoux!
  A peine ay-ie deux mois porté le Diadéme,
Que de tous les coftez i'entés dire qu'on m'ayme;
Si toutesfois fans crime & fans m'en indigner
Ie puis nommer amour vne ardeur de regner.
L'ambition des Grands à cet efpoir ouuerte
Semble pour m'acquerir s'aprefter à ma perte,
Et pour trancher le cours de leurs diffentions
Il faut fermer la porte à leurs prétentions;
Il m'en faut choifir vn, eux-mefmes m'en conuient,
Mon Peuple m'en côiure, & mes Eftats m'en prient,
Et mefme par mon ordre ils m'en propofent trois
Dont mõ cœur à leur gré peut faire vn digne choix.
D. Lope de Guzman, D. Manrique de Lare,
Et D. Alvar de Lune ont vn merite rare,
Mais que me fert ce choix qu'õ fait en leur faueur
Si pas vn d'eux enfin n'a celuy de mon cœnr?
D.   LEONOR.
On vons les a nommez, mais fans vous les pref-
     crire,
On vous obeïra quoy qu'il vous plaife elire,
Si le cœur a choifi, vous pouuez faire vn Roy.
D.   ISABELLE.
Madame, ie fuis Reyne, & dois regner fur moy.
Le rang que nous tenons ialoux de noftre gloire
Souuent dans vn tel choix nous défend de nous
     croire,
Iette fur nos defirs vn ioug imperieux,
Et dédaigne l'aduis & du cœur & des yeux.
Qu'on ouure iufte Ciel, voy ma peine, & m'infpire
Et ce que ie dois faire & ce que ie dois dire.

A iij

SCENE III.

D. ISABELLE, D. LEONOR, D. ELVIRE, BLANCHE, D. LOPE, D. MANRIQVE, D. ALVAR, CARLOS.

D. ISABELLE.

Avant que de choisir ie demande vn serment,
Comtes, qu'on agréera mon choix aueugle-
　　ment,
Que les deux méprisez, & tous les trois peut-estre,
De ma main, quel qu'il soit, accepterõt vn maistre:
Car enfin ie suis libre à disposer de moy;
Le choix de mes Estats ne m'est point vne loy,
D'vne troupe importune il m'a débarassée,
Et d'eux tous sur vous trois destourné ma pensée;
Mais sans necessité de l'arrester sur vous.
I'ayme à sçauoir par là qu'on vous prefere à tous,
Vous m'en estes plus chers & plus considerables,
I'y voy de vos vertus les preuues honorables,
I'y voy la haute estime où sont vos grands exploits;
Mais quoy que mon dessein soit d'y borner mon
　　choix,
Le Ciel en vn moment quelquefois nous éclaire,
Ie veux en le faisant pouuoir ne le pas faire,
Et que vous aduoüiez que pour deuenir Roy,
Quiconque me plaira n'a besoin que de moy.

D. LOPE.

C'est vne authorité qui vous demeure entiere.
Vostre Estat auec vous n'agit que par priere;
Et ne vous a pour nous fait voir ses sentiments
Que par obeïssance à vos commandements.

Ce n'est point ny son choix , ny l'éclat de ma race,
Qui me font, grande Reyne , esperer cette grace;
Ie l'attens de vous seule & de vostre bonté
Comme on attend vn bien qu'on n'a pas merité,
Et dont sans regarder seruices ny famille
Vous pouuez faire part au moindre de Castille.
C'est à nous d'obeïr & non d'en murmurer :
Mais vous nous permettrez toutesfois d'esperer,
Que vous ne ferez choir cette faueur insigne,
Ce bon heur d'estre à vous , que sur le moins
    indigne,
Et que vostre vertu vous fera trop sçauoir
Qu'il n'est pas bon d'vser de tout vostre pouuoir.
Voyla mon sentiment.

D. ISABELLE.

Parlez, vous , D. Manrique.

D. MANRIQVE.

Puisque vous m'ordonnez , Reyne, que ie m'expli-
    que,
Quoy que vostre discours nous ait fait des leçons.
Capables d'ouurir l'ame à de iustes soupçons.
Ie vous diray pourtant, comme à ma Souueraine,
Que pour faire vn vray Roy, vous le faciez en
    Reyne,
Que vous laisser borner c'est vous-mesme affoiblir
La dignité du rang qui le doit ennoblir,
Et qu'à prédre pour loy le choix qu'ō vous propose,
Le Roy que vous feriez vous deuroit peu de chose,
Puis qu'il tiendroit les noms de Monarque &
    d'espoux
Du choix de vos Estats, aussi bien que de vous.
Pour moy qui vous aimay sans sçeptre & sans Cou-
    ronne,
Qui n'ay iamais eu d'yeux que pour vostre persōne,
Que mesme le feu Roy daigna considerer
Iusqu'à souffrir ma flame & me faire esperer;
I'oseray me promettre vn sort assez propice
De cet adueu d'vn frere & quatre ans de seruice,

Et sur ce doux espoir deusse-ie me trahir,
Puisque vous le voulez ie iure d'obeïr,

D. ISABELLE.

C'est comme il faut m'aymer. Et D. Aluar de Lune?

D. ALVAR.

Ie ne vous feray point de harangue importune.
Choisissez hors des trois, tranchez absolument,
Ie iure d'obeïr, Madame, aueuglément.

D. ISABELLE.

Sous les profonds respects de cette déférence
Vous nous cachez peut-estre vn peu d'indifference,
Et comme vostre cœur n'est pas sans autre amour,
Vous sçauez des deux parts faire bien vostre Cour.

D. ALVAR.

Madame .....

D. ISABELLE.

C'est assez, que chacun prenne place.
Icy les trois Princesses prennent chacun vn fauteüil, &
apres que les trois Comtes & le reste des Grands qui sont
presents se sont assis sur des bancs préparez exprés, Carlos
y voyant vne place vuide, s'y veut seoir, & D. Manri-
que l'en empesche.

D. MANRIQVE.

Tout-beau, tout-beau, Carlos, d'où vous vient
cette audace,
Et quel tiltre en ce rang a sçeu vous establir ?

CARLOS.

I'ay veu la place vuide, & creu la bien remplir.

D. MANRIQVE.

Vn soldat bien remplir vne place de Comte !

CARLOS.

Seigneur, ce que ie suis ne me fait point de honte,
Depuis plus de six ans il ne s'est fait combat
Qui ne m'ait bien acquis ce grand nom de Soldat.
I'en auois pour temoin le feu Roy vostre frere,
Madame, & par trois fois .....

D. MANRIQVE.
                    Nous vous auons veu faire,

Et sçauons mieux que vous ce que peut vostre bras.
                D.   ISABELLE.
Vous en estes instruits & ie ne la suis pas,
Laissez le me l'apprendre, il importe aux Monar-
        ques
Qui veulent aux vertus rendre de dignes marques,
De les sçauoir cognoistre, & ne pas ignorer
Ceux d'entre leurs Suiets qu'ils doiuent honorer.
                D.   MANRIQVE.
Ie ne me croyois pas estre icy pour l'entendre.
                D.   ISABELLE.
Comte, encore vne fois laissez-le me l'apprendre,
Nous aurons temps pour tout, & vous, parlez,
        Carlos.
                CARLOS.
Ie diray qui ie suis, Madame, en peu de mots.
On m'appelle Soldat, ie fay gloire de l'estre,
Au feu Roy. par trois fois ie le fis bien paroistre.
L'estendart de Castille à ses yeux enleué
Des mains des ennemis par moy seul fut sauué,
Cette seule action restablit la bataille,
Fit rechasser le Maure au pied de sa muraille,
Et rendant le courage aux plus timides cœurs
Rappella les vaincus, & défit les vainqueurs.
Ce mesme Roy me vit dedans l'Andalousie
Dégager sa personne en prodiguant ma vie,
Quand tout percé de coups sur vn monceau de
        morts,
Ie luy fis si long-temps bouclier de mon corps,
Qu'enfin autour de luy ses troupes ralliées,
Celles qui l'enfermoient, furent sacrifiées,
Et le mesme escadron qui le vint secourir
Le ramena vainqueur, & moy prest à mourir.
Ie montay le premier sur les murs de Seuille,
Et tins la breche ouuerte aux troupes de Castille.
Ie ne vous parle point d'assez d'autres exploits,
Qui n'ont pas pour témoins eu les yeux de mes
        Roys,

Tel me voit & m'entend & me méprise encore,
Qui gemiroit sans moy dans les prisons du Maure.

D. MANRIQVE.

Nous parlez-vous, Carlos, pour D. Lope & pour
    moy ?

CARLOS.

Ie parle seulement de ce qu'a veu le Roy,
Seigneur, & qui voudra parle à sa conscience.
Voylà dont le feu Roy me promit recompense,
Mais la mort le surprit comme il la resoluoit.

D. ISABELLE.

Il se fust acquité de ce qu'il vous deuoit,
Et moy comme heritant son sceptre & sa courõne,
Ie prens sur moy sa debte & ie vous la fais bonne.
Soyez-vous, & quittons ces petits differents.

D. LOPE.

Souffrez qu'auparauant il nomme ses parents.
Nous ne contestons point l'honneur de sa vail-
    lance,
Madame, & s'il en faut nostre recognoissance,
Nous aduoüerons tous deux qu'en ces combats
    derniers
L'vn & l'autre sans luy nous estions prisonniers,
Mais enfin la valeur sans l'éclat de la race
N'eut iamais aucun droit d'occuper cette place.

CARLOS.

Se pare qui voudra des noms de ses ayeulx,
Moy, ie ne veux porter qué moy-mesme en tous
    lieux,
Ie ne veux rien deuoir à ceux qui m'ont fait naistre,
Et suis assez cognu, sans les faire cognoistre.
Mais pour en quelque sorte obeïr à vos loix,
Seigneur, pour mes parents ie nõme mes exploits,
Ma valeur est ma race, & mon bras est mon pere.

D. LOPE.

Vous le voyez, Madame, & la preuue en est claire,
Sans doute il n'est pas noble.

D. ISABELLE.

Et bien, ie l'ennoblis,
Quelle que soit sa race, & de qui qu'il soit fils.
Qu'on ne conteste plus.

D. MANRIQVE.

Encor vn mot, de grace.

D. ISABELLE.

D. Manrique, à la fin c'est prendre trop d'audace,
Ne puis-ie l'ennoblir si vous n'y consentez ?

D. MANRIQVE.

Oüy, mais ce rang n'est deu qu'aux hautes dignitez,
Tout autre qu'vn Marquis, ou Comte le profane.

D. ISABELLE *à Carlos.*

Et bien, soyez-vous donc, Marquis de Santillane,
Comte de Pennafiel, Gouuerneur de Burgos.
D. Manrique, est-ce assez pour faire seoir Carlos?
Vous reste-t'il encor quelque scrupule en l'ame ?

D. Manrique & D. Lope se leuent, &
Carlos se sied.

D. MANRIQVE.

Acheuez, acheuez, faites le Roy, Madame,
Par ces marques d'honneur l'eleuer iusqu'à nous,
C'est moins nous l'égaler, que l'approcher de vous.
Ce préambule adroit n'estoit pas sans mystere,
Et ces nouueaux serments qu'il nous a fallu faire
Monstroient bien dans vostre ame vn tel choix
 preparé.
Enfin vous le pouuez, & nous l'auons iuré,
Ie suis prest d'obeïr, & loin d'y contredire
Ie laisse entre ses mains & vous & vostre Empire,
Ie sors auant ce choix, non que i'en sois ialoux,
Mais de peur que mon front n'en rougisse pour
 vous.

D. ISABELLE.

Arrestez, insolent, vostre Reyne pardonne
Ce qu'vne indigne crainte imprudemment soup-
 çonne,

Et pour la démentir veut bien vous asseurer
Qu'au choix de ses Estats elle veut demeurer,
Que vous tenez encor mesme rang dans son ame,
Qu'elle prend vos transports pour vn excez de
    flame,
Et qu'au lieu d'en punir le zele iniurieux,
Sur vn crime d'amour elle ferme les yeux.

D. MANRIQVE.

Madame, excusez donc si quelque Antipathie...

D. ISABELLE.

Ne faites point icy de fausse modestie,
l'ay trop veu vostre orgueil pour le iustifier,
Et sçay bien les moyens de vous humilier.
Soit que i'ayme Carlos, soit que par simple estime
le rende à ses vertus vn honneur legitime,
Vous deuez respecter, quels que soient mes des-
    seins,
Ou le choix de mon cœur, ou l'œuure de mes
    mains.
le l'ay fait vostre égal, & quoy qu'on s'en mutine,
Sçachez qu'à plus encor ma faueur le destine.
le veux qu'auiourd'huy mesme il puisse plus que
    moy,
l'en ay fait vn Marquis, ie veux qu'il fasse vn Roy.
S'il a tant de valeur que vous-mesme le dites,
Il sçait quelle est la vostre, & cognoist vos merites,
Et iugera de vous auec plus de raison
Que moy qui n'en cognois que la race & le nom.
Marquis, prenez ma bague, & la donnez pour
    marque
Au plus digne des trois que i'en face vn Monarque,
le vous laisse y penser tout ce reste du iour.
Riuaux ambitieux, faites-luy vostre Cour,
Qui me raportera l'anneau que ie luy donne
Receura sur le champ ma main & ma Couronne.
Allons, Reynes, allons, & laissons les iuger
De quel costé l'amour auoit sçeu m'engager.

SCENE

SCENE IV.

D. MANRIQVE, D. LOPE, D. ALVAR, CARLOS.

D. LOPE.

ET bien, Seigneur Marquis, qu'eſt-il beſoin
     qu'on face
Pour auoir quelque part en voſtre bonne grace ?
Vous eſtes noſtre iuge, il faut vous adoucir.

CARLOS.

Vous y pourriez peut-eſtre aſſez mal reüſſir,
Quittez ces contretemps de froide raillerie.

D. MANRIQVE.

Il n'en eſt pas ſaiſon quand il faut qu'on vous prie.

CARLOS.

Ne raillons, ny prions, & demeurons amis:
Ie ſçay ce que la Reyne en mes mains a remis :
I'en vſeray fort bien, vous n'auez rien à craindre,
Et pas vn de vous trois n'aura lieu de ſe plaindre.
Ie n'entreprendray point de iuger entre vous
Qui merite le mieux le nom de ſon eſpoux,
Ie ſerois temeraire, & m'en ſens incapable,
Et peut eſtre quelqu'vn m'en tiendroit recuſable.
Ie m'en recuſe donc, afin de vous donner
Vn iuge que ſans honte on ne peut ſoupçonner :
Ce ſera voſtre eſpée & voſtre bras luy-meſme.
Comtes, de cet anneau dépend le Diadéme,
Il vaut bien vn combat, vous auez tous du cœur,
Et ie le garde.....

D. LOPE.

A qui, Carlos?

CARLOS.

A mon vainqueur.

Qui pourra me l'oster, l'ira rendre à la Reyne,
Ce sera du plus digne vne preuue certaine,
Prenez entre vous l'ordre & du temps & du lieu,
Ie m'y rendray sur l'heure, & vay l'attédre. Adieu.

SCENE V.

D. MANRIQVE, D. LOPE, D. ALVAR.

D. LOPE.

Voyez-vous l'arrogance?

D. ALVAR.

Ainsi les grands courages
Sçauent en genereux repousser les outrages.

D. MANRIQVE.

Il se méprend pourtant, s'il pense qu'auiourd'huy
Nous daignions mesurer nostre espee auec luy.

D. ALVAR.

Refuser vn combat!

D. LOPE.

Des Generaux d'armée
Ialoux de leur honneur & de leur renommée
Ne se commettent point contre vn aduenturier.

D. ALVAR.

Ne mettez point si bas vn si vaillant guerrier.
Qu'il soit ce qu'en voudra presumer vostre hayne,
Il doit estre pour nous ce qu'a voulu la Reyne.

D. LOPE.

La Reyne qui nous braue & sans égard au sang

Ofe foüiller ainfi l'éclat de noftre rang.

D. ALVAR.

Les Roys de leurs faueurs ne font iamais com-
    ptables,
Ils font comme il leur plaift & défont nos fem-
    blables.

D. MANRIQVE.

Enuers les Maieftez vous eftes bien difcret,
Voyez-vous cependant qu'elle l'ayme en fecret?

D. ALVAR.

Dites, fi vous voulez, qu'ils font d'intelligence,
Qu'elle a de fa valeur fi haute confiance
Qu'elle efpere par là faire approuuer fon choix,
Et fe rendre auec gloire au vainqueur de tous
    trois,
Qu'elle nous hait dans l'ame autant qu'elle
    l'adore,
C'eft à nous d'honorer ce que la Reyne honore.

D. MANRIQVE.

Vous la refpectez fort, mais y pretendez-vous?
On dit que l'Arragon a des charmes fi doux .....

D. ALVAR.

Qu'ils me foient doux ou non, ie ne croy pas fans
    crime
Pouuoir de mon pays defaduoüer l'eftime,
Et puis qu'il m'a iugé digne d'eftre fon Roy
Ie fouftiendray par tout l'eftat qu'il fait de moy.
Ie vay donc difputer fans que rien me retarde
Au Marquis D. Carlos cet anneau qu'il nous garde.
Et fi fur fa valeur ie le puis emporter,
I'attendray de vous deux qui voudra me l'ofter,
Le champ vous fera libre.

D. LOPE.

      A la bonne heure, Comte,
Nous vous irons alors le difputer fans honte,
Nous ne dédaignons point vn fi digne riual,
Mais pour voftre Marquis, qu'il cherche fon égal.

FIN DV PREMIER ACTE.

ACTE II.

SCENE PREMIERE.

D. ISABELLE, BLANCHE.

D. ISABELLE.

Lanche, as tu rien cogneu d'égal à ma
    misere ?
Tu vois tous mes desirs condamnez à
    se taire,
Mon cœur faire vn beau choix sans l'o-
    ser accepter,
Et nourrir vn beau feu, sans l'oser écouter.
Voylà, voylà que c'est, Blanche, que d'estre
    Reyne,
Comptable de moy-mesme au nom de souueraine,
Et suiette à iamais du Trône où ie me voy,
Ie puis tout pour tout autre, & ne puis rien pour
    moy.
O sçeptres s'il est vray que tout vous soit possible,
Pourquoy ne pouuez-vous rendre vn cœur insen-
    sible ?
Pourquey permettez-vous qu'il soit d'autres
    appas,
Où que l'on ait des yeux pour ne les croire pas!

BLANCHE.

Ie présumois tantost que vous les alliez croire,
I'en ay plus d'vne fois tremblé pour vostre gloire,
Ce qu'à vos trois amants vous auez fait iurer,

Au choix de D. Carlos sembloit tout préparer,
Ie te nommois pour vous, mais enfin par l'issuë
Ma crainte s'est trouuée heureusement deceuë,
L'effort de vostre amour a sçeu se moderer,
Vous l'auez honoré sans vous deshonorer,
Et satisfait ensemble, en trompant mon attente,
La grandeur d'vne Reyne, & l'ardeur d'vne
   amante.

D. ISABELLE.

Dy que pour honorer sa generosité
Mon amour s'est ioüé de mon authorité,
Et qu'il a fait seruir, en trompant ton attente,
Le pouuoir de la Reyne au couroux de l'amante.
  D'abord par ce discours qui t'a semblé suspect,
Ie voulois seulement essayer leur respect,
Soustenir iusqu'au bout la dignité de Reyne,
Et comme enfin ce choix me donnoit de la peine,
Perdre quelques moments, choisir vn peu plus
   tard.
I'allois nommer pourtant, & nommer au hazard:
Mais tu sçais quel orgueil ont lors monstré les
   Comtes,
Combien d'affronts pour luy, combien pour moy
   de hontes.
Certes il est bien dur à qui se voit regner
De monstrer quelque estime & la voir dédaigner.
Sous ombre de vanger sa grandeur meprisée
L'amour à la faueur trouue vne pente aisée:
A l'interest du sçeptre aussi-tost attaché
Il agit d'autant plus qu'il se croit bien caché,
Et s'ose imaginer qu'il ne fait rien paroistre
Que ce change de nom ne face mécognoistre.
I'ay fait Carlos Marquis, & Comte, & Gouuer-
   neur,
Il doit à ses ialoux tous ces tiltres d'honneur,
M'en voulant faire auare, ils m'en faisoient pro-
   digue,
Ce torrent grossissoit rencontrant cette digue,

C'eſtoit plus les punir que le fauoriſer.
L'amour me parloit trop, i'ay voulu l'amuſer,
Par ces profuſions i'ay creu le ſatisfaire,
Et l'ayant ſatisfait l'obliger à ſe taire :
Mais, helas ! en mon cœur il auoit tant d'appuy
Que ie n'ay pû iamais prononcer contre luy,
Et n'ay mis en ces mains ce don du Diadéme
Qu'afin de l'obliger à s'exclurre luy-meſme.
Ainſi pour appaiſer les murmures du cœur.
Mon refus a porté les marques de faueur,
Et reueſtant de gloire vn inuiſible outrage,
De peur d'en faire vn Roy, ie l'ay fait dauantage
Outre qu'indifferente aux vœux de tous les trois,
I'eſperois que l'amour pourroit ſuiure ſon choix.
Et que le moindre d'eux de ſoy meſme eſtimable
Receuroit de ſa main la qualité d'aymable.
Voylà, Blanche, où i'en ſuis, Voilà ce que i'ay fait,
Voylà les vrais motifs dont tu voyois l'effet ;
Car mon ame pour luy, quoy qu'ardemment preſ-
　　ſée,
N'a conſenty iamais à la moindre penſee,
Et ie mourrois encor auant que m'accorder
Ce qu'en ſecret mon cœur oſe me demander.
Mais enfin ie voy bien que ie me ſuis trompée
De m'en eſtre remiſe à qui porte vne eſpée,
Et trouue occaſion deſſous cette couleur
De vanger les mépris qu'on fait de ſa valeur.
Ie deuois par mon choix eſtouffer cent querelles,
Et l'ordre que i'y tiens en forme de nouuelles,
Et ietté entre les Grands amoureux de mon rang
Vne neceſſité de répandre du ſang ;
Mais i'y ſçauray pouruoir.
BLANCHE.
　　　　　　C'eſt vn penible ouurage
D'arreſter vn combat qu'authoriſe l'vſage,
Que les loix ont reglé, que les Roys vos ayeux
Ont daigné bien ſouuent honorer de leurs yeux,
On ne s'en dédit point ſans quelque ignominie.

Et l'honneur aux grands cœurs eſt plus cher que la
  vie.

D. ISABELLE.

Ie ſçay ce que tu dis, & n'iray pas de front
Faire vn commandement qu'ils prendroient pour
  affront.
Lors que le deshonneur ſoüille l'obeïſſance
Les Roys peuuent douter de leur toute-puiſſance,
Qui la hazarde alors n'en ſçait pas bien vſer,
Et qui veut pouuóir tout, ne doit pas tout oſer.
Ie rompray ce combat feignant de le permettre,
Et ie le tiens rompu ſi ie le puis remettre,
Les Reynes d'Arragon pourront meſme m'ayder,
Voicy deſia Carlos que ie viens de mander,
Demeure, & ſois témoin auec combien d'adreſſe
Ma gloire de mon ame eſt touſiours la maiſtreſſe.

SCENE II.

D. ISABELLE, CARLOS.
BLANCHE.

D. ISABELLE.

Vous auez bien ſeruy, Marquis, & iuſqu'icy
  Vos armes ont pour nous dignement reüſſy,
Ie penſe auoir auſſi bien payé vos ſeruices.
  Malgré vos enuieux & leurs mauuais offices
I'ay fait beaucoup pour vous, & tout ce que i'ay
  fait
Ne vous a pas couſté ſeulement vn ſouhait.
Si cette recompenſe eſt pourtant ſi petite
Qu'elle ne puiſſe aller iuſqu'à voſtre merite,
S'il vous en reſte encor quelqu'autre à ſouhaiter,
Parlez, & donnez-moy moyen de m'acquiter.

CARLOS.

Apres tant de faueurs à pleines mains versées
Dont mon cœur n'euſt oſé conceuoir les penſées,
Surpris, troublé, confus, accablé de bien-faits,
que i'oſaſſe former encor quelques ſouhaits !

D. ISABELLE.

Vous eſtes donc content, & i'ay lieu de me plain-
    dre.

CARLOS.

De moy ?

D. ISABELLE.

De vous, Marquis. Ie vous parle ſans feindre,
Eſcoutez. Voſtre bras a bien ſeruy l'Eſtat
Tant que vous n'auez eu que le nom de Soldat:
Dés que ie vous fais Grand, ſi-toſt que ie vous
    donne
Le droit de diſpoſer de ma propre perſonne,
Ce meſme bras s'apreſte à troubler ſon repos,
Comme ſi le Marquis ceſſoit d'eſtre Carlos:
Ou que cette grandeur ne fuſt qu'vn aduantage
Qui deuſt à ſa ruine armer voſtre courage.
Les trois Comtes en ſont les plus fermes ſou-
    ſtiens,
Vous attaquez en eux ſes appuys, & les miens,
C'eſt ſon ſang le plus pur que vous voulez ré-
    pandre ;
Et vous pouuez iuger l'honneur qu'on leur doit
    rendre,
Puiſque ce meſme Eſtat me demandant vn Roy
Les a iugez eux trois les plus dignes de moy.
Peut-eſtre vn peu d'orgueil vous a mis dans la
    teſte
Qu'à vanger leur mépris ce prétexte eſt honneſte,
Vous en auez ſuiuy la premiere chaleur :
Mais ont-ils mépriſé vous, ou voſtre valeur ?
N'en ont ils pas rendu temoignage à ma veuë ?
Ils ont fait peu d'eſtat d'vne race incognuë,
Ils ont douté d'vn ſort que vous voulez cacher;

Quand vn doute si iuste auroit deu vous toucher,
I'auois pris quelque soin de vous vanger moy-
    mesme:
Remettre entre vos mains le don du Diadéme,
Ce n'estoit pas, Marquis, vous vanger à demy.
Ie vous ay fait leur iuge & non leur ennemy,
Et si sous vostre choix i'ay voulu les reduire,
C'est pour vous faire honneur & non pour les de-
    struire,
C'est vostre seul aduis, non leur sang que ie veux,
Et c'est m'entendre mal que vous armer côtr'eux.
N'auriez-vous point pensé que si ce grand courage
Vous pouuoit sur tous trois donner quelque ad-
    uantage,
On diroit que l'Estat me cherchant vn espoux
N'en auroit pû trouuer de comparable à vous ?
Ah ! si ie vous croyois si vain, si temeraire....
                CARLOS.
Madame, arrestez-la vostre iuste colere,
Ie suis assez coupable, & n'ay que trop osé,
Sans choisir, pour me perdre vn crime supposé.
    Ie ne me defens point des sentimens d'estime
Que vos moindres Suiets auroient pour vous sans
    crime:
Lors que ie vois en vous les celestes accords
Des graces de l'esprit & des beautez du corps,
Ie puis, de tant d'attraits l'ame toute rauie,
Sur l'heur de vostre espoux ietter vn œil d'enuie,
Ie puis contre le Ciel en secret murmurer
De n'estre pas né Roy pour pouuoir esperer,
Et les yeux éblouïs de cet éclat supresme
Baisser soudain la veuë & rentrer en moy-mesme.
Mais que ie laisse aller d'ambitieux soûpirs,
Vn ridicule espoir, de criminels desirs !
Ie vous ayme, Madame, & vous estime en Reyne,
Et quand i'aurois des feux dignes de vostre hayne,
Si vostre ame sensible à ces indignes feux
Se pouuoit oublier iusqu'à souffrir mes vœux,

Si par quelque malheur que ie ne puis compren-
dre
Du Trône iusqu'à moy ie la voyois descendre,
Commençant aussi-tost à vous moins estimer
Ie cesserois sans doute aussi de vous aymer.
L'amour que i'ay pour vous est toute vostre gloire,
Ie ne vous pretens point pour fruit de ma victoire,
Ie combats vos amants sans dessein d'acquerir
Que l'heur d'en faire voir le plus digne,& mourir,
Et tiendrois mon destin assez digne d'enuie
S'il le faisoit cognoistre aux dépens de ma vie,
Seroit-ce à vos faueurs répondre pleinement
Que hazarder ce choix à mon seul iugement ?
Il vous doit vn espoux, à la Castille vn maistre :
Ie puis en mal iuger, ie puis les mal cognoistre.
Ie sçay qu'ainsi que moy le Demon des combats
Peut donner au moins digne, & vous, & vos Estats;
Mais du moins si le sort des armes iournalieres
En laisse par ma mort de mauuaises lumieres,
Elle m'en ostera la honte & le regret:
Et mesme si vostre ame en ayme vn en secret,
Et que ce triste choix rencontre mal le vostre,
Ie ne vous verray point entre les bras d'vn autre
Reprocher à Carlos par de muets soûpirs
Qu'il est l'vnique autheur de tous vos déplaisirs.
D. ISABELLE.
Ne cherchez point d'excuse à douter de ma flame,
Marquis, ie puis aymer puisqu'enfin ie suis femme;
Mais si i'ayme, c'est mal me faire vostre Cour
Qu'exposer au trépas l'obiet de mon amour,
Et toute vostre ardeur se seroit moderée
A m'auoir dans ce doute assez considerée.
Ie le veux éclaircir, & vous mieux éclairer,
Afin de vous apprendre à me considerer.
Ie ne le cele point, i'ayme, Carlos, oüy, i'ayme,
Mais l'amour de l'Estat plus fort que de moy-
mesme
Cherche au lieu de l'obiet le plus doux à mes
yeux

Le plus digne Heros de regner en ces lieux,
Et craignant que mes feux ofaſſent me ſeduire,
I'ay voulu m'en remettre à vous pour m'en inſ-
    ſtruire.
Mais ie croy qu'il ſuffit que cet obiet d'amour
Perde le Trône & moy, ſans perdre encor le iour,
Et mon cœur qu'on luy vole, en ſouffre aſſez d'a-
    larmes,
Sans que ſa mort pour moy me demande des lar-
    mes.
             CARLOS.
Ah ! ſi le Ciel tantoſt me daignoit inſpirer
En quel heureux amant ie vous dois reuerer,
Que par vne facile & ſoudaine victoire.....
         D. ISABELLE.
Ne penſés qu'à défendre & vous & voſtre gloire.
quel qu'il ſoit, les reſpects qui l'auroient épargné
Luy donneroient vn prix qu'il auroit mal gagné,
Et ceder à mes feux pluſtoſt qu'à ſon merite
Ne ſeroit que me rendre au iuge que i'éuite.
ie n'abuſeray point du pouuoir abſolu
Pour defendre vn combat entre vous reſolu,
Ie bleſſerois par là l'honneur de tous les quatre,
Les loix vous l'ont permis, ie vous verray com-
    batre,
C'eſt à moy comme Reyne à nōmer le vainqueur.
Dites-moy cependant qui monſtre plus de cœur?
qui des trois le premier éprouue la Fortune ?
             CARLOS.
D. Aluar.

         D. ISABELLE.
D. Aluar !

         CARLOS.
    Oüy, D. Aluar de Lune.
        D. ISABELLE.
On dit qu'il ayme ailleurs !
             CARLOS.
        Peut-eſtre a-t'il changé,

Mais du moins iufqu'icy luy feul s'eſt engagé.
D. ISABELLE.
Ie deuine à peu prés quel intereſt l'engage,
Et nous verrons de main quel ſera ſon courage.
CARLOS.
Vous ne m'auez donné que ce iour pour ce choix.
D. ISABELLE.
I'ayme mieux au lieu d'vn vous en accorder trois,
CARLOS.
Madame, ſon cartel marque cette iournée.
D. ISABELLE.
C'eſt peu que ſon car tel, ſi ie ne l'ay donnée,
qu'on le face venir pour la voir differer.
Ie vay pour vos combats faire tout preparer,
Adieu, ſouuenez-vous ſur tout de ma defence,
Et vous aurez demain l'honneur de ma preſence.

SCENE III.

CARLOS.

COnfens-tu qu'on differe, honneur, le con-
 fens-tu?
Cet ordre n'a-t'il rien qui ſoüille ma vertu?
N'ay-ie point à rougir de cette déference
Que d'vn combat illuſtre achepte la licence?
Tu murmures, ce ſemble? acheue, explique-toy.
La Reyne a-t'elle droit de te faire la loy?
Tu n'es point ſon Suiet, l'Arragon m'a veu naiſtre.
O Ciel, ie m'en ſouuiens, & i'oſe encor paroiſtre!
Et ie puis ſous les noms de Comte & de Marquis
D'vn malheureux Peſcheur recognoiſtre le fils?
Honteuſe obſcurité qui ſeule me fais craindre!
Iniurieux deſtin qui ſeul me rends à plaindre!
Plus on m'en fait ſortir, plus ie crains d'y rentrer.
Et

Et croy ne t'auoir fuy que pour te rencontrer.
Ton cruel fouuenir fans fin me perfecute,
Du rang où l'on m'eleue il me monftre la cheute,
Laffe-toy deformais de me faire trembler;
Ie parle à mon honneur, ne le vien point troubler,
Laiffe-le fans remords m'approcher des Couron-
    nes,
Et ne vien point m'ofter plus que tu ne me donnes.
Ie n'ay plus rien à toy, la guerre a confumé
Tout cet indigne fang dont tu m'auois formé;
I'ay quitté iufqu'au nom que ie tiens de ta hayne,
Et ne puis... mais voicy ma veritable Reyne.

SCENE IV.

D. ELVIRE, CARLOS.

D. ELVIRE.

AH, Carlos! car i'ay peine à vous nommer
    Marquis,
Non qu'vn tiltre fi beau ne vous foit bien acquis,
Non qu'auecque iuftice il ne vous appartienne,
Mais parce qu'il vous vient d'autre main que la
    mienne,
Et que ie prefumois n'appartenir qu'à moy
D'eleuer voftre gloire au rang où ie la voy.
Ie me confolerois toutefois auec ioye
Des faueurs que fans moy le Ciel fur vous dé-
    ploye,
Et verrois fans enuie agrandir vn Heros,
Si le Marquis tenoit ce qu'a promis Carlos;
S'il auoit comme luy fon bras à mon feruice.
Ie venois à la Reyne en demander iuftice,
Mais puifque ie vous voy, vous m'en ferez raifon.
Ie vous accufe donc, non pas de trahifon,

Pour vn cœur genereux cette tache est trop noire,
Mais d vn peu seulement de manque de memoire.
CARLOS.
Moy , Madame ?
D. ELVIRE.
Escoutez mes plaintes en repos,
Ie me plains du Marquis, & non pas de Carlos.
Carlos de tout son cœur me garderoit parole,
Mais ce qu'il m'a donné, le Marquis me le vole,
C'est luy seul qui dispose ainsi du bien d'autruy,
Et prodigue son bras quand il n'est plus à luy.
Carlos se souuiendroit que sa haute vaillance
Doit ranger D. Garcie à mon obeïssance,
Qu'elle doit affermir mon sceptre dans ma main,
Qu'il doit m'accompagner peut-estre des demain:
Mais ce Carlos n'est plus; le Marquis luy succede,
Qu'vne autre soif de gloire, vn autre obiet possede;
Et qui du mesme bras qui m'estoit engagé,
Entreprend trois combats mesme sans mon congé.
Helas ! si ces honneurs dont vous comble la Reyne
Reduisent mon espoir en vne attente vaine,
Si les nouueaux desseins que vous en conceuez
Vous ont fait oublier ce que vous me deuez.
Rendez-luy ces honneurs qu'vn tel oubly profane,
Rendez-luy Pennafiel , Burgos , & Santillane,
L'Arragon a de quoy vous payer ces refus,
Et vous donner encor quelque chose de plus.
CARLOS.
Et Carlos , & Marquis , ie suis à vous, Madame,
Le changement de rang ne change point mon
ame,
Mais vous trouuerez bon que par ces trois deffis
Carlos tasche à payer ce que doit le Marquis.
Vous reseruer mon bras noircy d'vne infamie
Attireroit sur vous la Fortune ennemie,
Et vous hazarderoit par cette lâcheté
Au iuste chastiment qu'il auroit merité.
Dans les occasions, sans craindre aucun reproche,

L'honneur auidement s'attache à la plus proche,
Et préfere fans honte & fans eftre inconftant,
Celle qui fe prefente à celle qui l'attend.
Ce n'eft pas toutefois , Madame, qu'il l'oublie,
Ie fçay que ie vous dois le fang de D. Garcie,
Mais i'ay veu qu'à la Reyne on perdoit le refpect,
Que d'vne indigne amour fon cœur eftoit fufpect,
Pour m'auoir honoré ie l'ay veuë outragée,
Et ne puis m'acquiter qu'apres l'auoir vangée.

D. ELVIRE.

C'eft me faire vne excufe où ie ne comprens rien,
Sinon que fon feruice eft preferable au mien,
Qu'auant que de me fuiure on doit mourir pour
    elle,
Et qu'eftant fon Suiet, il faut m'eftre infidelle.

CARLOS.

Ce n'eft point en Suiet que ie cours au combat,
Peut-eftre fuis ie né dedans quelqu'autre Eftat:
Mais par vn zele entier & pour l'vne & pour l'au-
    tre,
I'embraffe également fon feruice & le voftre,
Et les plus grands perils n'ont rien de hazardeux
Que i'ofe refufer pour aucune des deux.
Quoy qu'engagé demain à combatre pour elle,
S'il falloit auiourd'huy vanger voftre querelle,
Tout ce que ie luy dois, ne m'empefcheroit pas
De m'expofer pour vous à plus de trois combats.
Ie voudrois toutes deux pouuoir vous fatisfaire,
Vous , fans manquer vers elle , elle fans vous dé-
    plaire;
Cependant ie ne puis feruir elle, ny vous,
Sans de l'vne ou de l'autre allumer le couroux.
Ie plaindrois vn amant qui fouffriroit mes peines,
Et tel pour deux beautez que ie fuis pour deux
    Reynes
Se verroit déchiré par vn égal amour;
Tel que font mes refpects dans l'vne & l'autre
    Cour,

C ij

L'ame d'vn tel amant triſtement balancée
Sur d'eternels ſoucis voit flotter ſa penſée,
Et ne pouuant reſoudre à quels vœux ſe borner,
N'oſe rien acquerir, ny rien abandonner.
Il n'ayme qu'auec trouble, il ne voit qu'auec
  crainte,
Tout ce qu'il entreprend, donne ſuiet de plainte,
Ses hommages par tout ont de fauſſes couleurs,
Et ſon plus grand ſeruice eſt vn grand crime
  ailleurs.

D. ELVIRE.

Auſſi ſont-ce d'amour les premieres maximes
Que partager ſon ame eſt le plus grād des crimes;
Vn cœur n'eſt à perſonne alors qu'il eſt à deux,
Auſſi-toſt qui les offre, il dérobe ſes vœux,
Et ſa triſte conſtance à choiſir trop timide
Le rend vers l'vne ou l'autre inceſſamment perfide,
Et comme il n'eſt enfin ny rigueurs, ny mépris,
Qui d'vn pareil amour ne ſoient vn digne prix,
Il ne peut meriter d'aucun œil qui le charme
En ſeruant, vn regard ; en mourant, vne larme.

CARLOS.

Vous ſeriez bien ſeuere enuers ce pauure amant.

D. ELVIRE.

Allons voir ſi la Reyne agiroit autrement,
S'il en deuroit attendre vn plus leger ſupplice.
Cependant D. Aluar le premier entre en lice,
Vous ſçauez quel amour il m'a touſiours fait voir.

CARLOS.

Ie ſçay combien ſur luy vous auez de pouuoir.

D. ELVIRE.

Quand vous le combatrez, penſez à ce que i'ayme,
Et ménagez ſon ſang comme le voſtre meſme.

CARLOS.

Quoy, m'ordōneriez-vous qu'icy i'en fiſſe vn Roy?

D. ELVIRE.

Ie vous dis ſeulement que vous penſiez à moy.

FIN DV SECOND ACTE.

ACTE III.

SCENE PREMIERE.

D. ELVIRE, D. ALVAR.

D. ELVIRE.

VOus pouuez donc m'aymer, & d'vne ame
     bien faine
     Entreprendre vn combat pour acquerir
  la Reyne !
Quel Aftre agit fur vous auec tant de rigueur
Qu'il force voftre bras à trahir voftre cœur ?
L'honneur, me dites vous, *vers l'amour vous excufe:*
Ou cet honneur fe trompe, ou cet amour s'abufe,
Et ie ne comprens point dans vn fi mauuais tour,
Ny quel eft cet honneur, ny quel eft cet amour.
Tout l'honneur d'vn amant c'eft d'eftre amant
     fidelle,
Si vous m'aymez encor, que prétendez-vous
     d'elle ?
Et fi vous l'acquerez, que voulez-vous de moy?
Aurez-vous droit alors de luy manquer de foy?
La mépriferez-vous quand vous l'aurez acquife?

D. ALVAR.

Qu'eftant né fon fuiet, iamais ie la méprife !

D. ELVIRE.

Que me voulez-vous donc ? vaincu par D. Carlos
Aurez-vous quelque grace à troubler mon repos?

En serez vous   plus digne , & par cette   victoire
Répandra-t'il sur vous vn rayon de sa gloire?
                D. ALVAR.
Que i'ose presenter ma défaite à vos yeux !
                D. EIVIRE.
Que me veut donc enfin ce cœur ambitieux ?
                D. ALVAR.
Que vous preniez pitié de l'estat deplorable
Où vostre long refus reduit vn miserable.
Mes vœux mieux écoutez par vn heureux effet
M'auroient sçeu garantir de l'honneur qu'on m'a
        fait,
Et l'Estat par son choix ne m'euft pas mis en peine
De manquer à ma gloire , ou d'acquerir ma Reyne.
Vostre refus m'expose à cette dure loy
D'entreprendre vn combat qui n'est que contre
        moy,
I'en crains également l'vne & l'autre fortune ;
Et le moyen auffi que i'en souhaite aucune ?
Ny vaincu , ny vainqueur, ie ne puis estre à vous,
Vaincu , i'en suis indigne, & vainqueur , son
        espoux,
Et le Destin m'y traite auec tant d'iniustice,
Que son plus beau succez me sient lieu de supplice,
Auffi quand mon deuoir ose la disputer
Ie ne veux l'acquerir que pour vous meriter,
Que pour monstrer qu'en vous i'adorois la per-
        sonne,
Et me pouuois ailleurs promettre vne Couronne,
Et pleust au iuste Ciel que i'y peusse , ou mourir,
Où ne la meriter que pour vous acquerir.
                D. ELVIRE.
Ce sont vœux superflus de vouloir vn miracle
Où vostre gloire oppose vn inuincible obstacle,
Et la Reyne pour moy vous sçaura bien payer
Du temps qu'vn peu d'amour vous fit mal em-
        ployer,
Ma Couronne est douteuse, & la sienne affermie,

L'auantage du change en oste l'infamie;
Allez, n'en perdez pas la digne occasion,
Poursuiuez la sans honte & sans confusion,
La legereté mesme où tant d'honneur engage
Est moins legereté que grandeur de courage:
Mais gardez que Carlos ne me vange de vous.

D. ALVAR.

Ah! laissez moy, Madame, adorer ce courroux.
I'auois creu iusqu'icy mon combat magnanime,
Mais ie suis trop heureux s'il passe pour vn crime,
Et si quand de vos loix l'honneur me fait sortir,
Vous m'estimez assez pour vous en ressentir.
De ce crime vers vous quels que soient les supli-
    ces,
Du moins il m'a valu plus que tous mes seruices,
Puis qu'il me fait cognoistre, alors qu'il vous dé-
    plaist,
Que vous daignez en moy prendre quelque inte-
    rest.

D. ELVIRE.

Le crime, D. Aluar, dont ie semble irritée,
C'est qu'on me persecute apres m'auoir quittée;
Et pour vous dire encor quelque chose de plus,
Ie me fasche d'entendre accuser mes refus.
Ie suis Reyne sans sceptre, & n'en ay que le tiltre,
Le pouuoir m'en est deu, le temps en est l'arbitre:
Si vous m'auez seruie en genereux amant
Quand i'ay receu du Ciel le plus dur traitement,
I'ay tasché d'y répondre auec toute l'estime
Que pouuoit en attendre vn cœur si magnanime.
Pouuois ie en cet exil dauantage sur moy?
Ie ne veux point d'espoux que ie n'en fasse vn
    Roy,
Et ie n'ay pas vne ame assez basse & commune
Pour en faire vn appuy de ma triste fortune.
C'est chez moy, D. Aluar, dans la pompe &
    l'eclat
Que me le doit choisir le bien de mon Estat.

Il falloit arracher mon ſçeptre à mon rebelle,
Le remettre en ma main pour le receuoir d'elle;
Ie vous aurois peut-eſtre alors conſideré
Plus que ne m'a permis vn ſort ſi déploré.
Mais vne occaſion plus prompte & plus brillante
A ſurpris cependant voſtre amour chancelante,
Et ſoit que voſtre cœur s'y trouuaſt diſpoſé,
Soit qu'vn ſi long refus l'y laiſſaſt expoſé,
Ie ne vous blaſme point de l'auoir acceptee,
De plus conſtants que vous l'auroient bien
        écoutee :
quelle qu'en ſoit pourtant la cauſe & la couleur,
Vous pouuez l'embraſſer auec moins de chaleur,
Combatre le dernier , & par quelque apparence
Témoigner que l'honneur vous faiſoit violence;
De cette illuſion l'artifice ſecret
M'euſt forcée à vous plaindre & vous perdre à
        regret.
Mais courir au deuant, & vouloir bien qu'on voye
Que vos vœux mal receus m'échapent auec ioye.....

D. ALVAR.

Vous auriez donc voulu que l'honneur d'vn tel
        choix
Euſt monſtré voſtre amant le plus laſche des trois?
que pour luy cette gloire euſt eu trop peu d'a-
        merces,
Iuſqu'à ce qu'vn riual euſt épuiſé ſes forces ?
que......

D. ELVIRE.

Vous acheuerez au ſortir du combat,
Si toutefois Carlos vous en laiſſe en eſtat.
Voylà vos deux riuaux auec qui ie vons laiſſe,
Et vous diray demain pour qui ie m'intereſſe.

D. ALVAR.

Helas ! pour le bien voir ie n'ay que trop de iours

SCENE II.

D. MANRIQVE, D. LOPE, D. ALVAR.

D. MANRIQVE.

QVi vous traite le mieux ? la Fortune , ou
   l'Amour ?
La Reyne charme t'elle auprés de D. Eluire ?

D. ALVAR.

Si i'emporte la bague, il faudra vous le dire.

D. LOPE.

Carlos vous nuit par tout, du moins à ce qu'on
   croit.

D. ALVAR.

Il fait plus d'vn ialoux , du moins à ce qu'on
   voit.

D. LOPE.

Il deuroit par pitié vous quitter l'vne ou l'autre.

D. ALVAR.

Plaignant mon intereſt, n'oubliez pas le voſtre.

D. MANRIQVE.

De vray , la preſſe eſt grande à qui le fera Roy.

D. ALVAR.

Ie vous plains fort tous deux , s'il vient à bout
   de moy.

D. MANRIQVE.

Mais ſi vous le vainquez , ſerons nous fort à
   plaindre ?

D. ALVAR.

Quand ie l'auray vaincu, vous aurez fort à craindre.

D. LOPE.

Oüy , de vous voir long-temps hors de combat
   pour nous.

D. ALVAR.

Nous aurons essuyé les plus dangereux coups.

D. MANRIQVE.

L'heure nous tardera d'en voir l'experience.

D. ALVAR.

On pourra vous guerir de cette impatience.

D. LOPE.

De grace, faites-donc que ce soit promptement.

SCENE III.

D. ISABELLE, D. MANRIQVE, D. ALVAR, D. LOPE.

D. ISABELLE.

Laissez-moy, D. Aluar, leur parler vn moment,
Ie n'entreprendray rien à vostre preiudice,
Et mon dessein ne va qu'à vous faire iustice,
Qu'à vous fauoriser plus que vous ne voulez.

D. ALVAR.

Ie ne sçay qu'obeïr alors que vous parlez.

SCENE IV.

D. ISABELLE, D. MANRIQVE, D. LOPE.

D. ISABELLE.

Comtes, ie ne veux plus donner lieu qu'on murmure
Que choisir par autruy c'est me faire vne iniure,

Et puisque de ma main le choix sera plus beau,
Ie veux choisir moy mesme & reprendre l'anneau.
e feray plus pour vous, des trois qu'on me pro-
     pose,
I'en exclus D. Aluar, vous en sçauez la cause,
Ie ne veux point gesner vn cœur plein d'autres
     feux,
Et vous oste vn riual pour le rendre à ses vœux,
Qui n'ayme que par force, ayme qu'on le neglige,
Et mon refus du moins autant que vous l'oblige,
Vous estes donc les seuls que ie veux regarder,
Mais auant qu'à choisir ie m'ose hazarder,
Ie voudrois voir en vous quelque preuue certaine,
Qu'en moy, c'est moy qu'on ayme, & non l'eclat
     de Reyne.
L'amour n'est, ce dit-on, qu'vne vnion d'esprits,
Et ie tiendrois des deux celuy-là mieux espris
Qui fauoriseroit ce que ie fauorise,
Et ne mépriseroit que ce que ie méprise,
Qui prendroit en m'aymant mesme cœur, mesmes
     yeux;
Si vous ne m'entendez, ie m'expliqueray mieux.
   Aux vertus de Carlos i'ay paru liberale,
Ie voudrois en tous deux voir vne estime égale,
Qu'il trouuast mesme honneur, mesme iustice en
     vous:
Car ne présumez pas que ie prenne vn espoux,
Pour m'exposer moy mesme à ce honteux outrage
Qu'vn Roy fait de ma main destruise mon ouurage,
N'y pensez l'vn ny l'autre, à moins qu'vn digne
     effet
Suiue de vostre part ce que pour luy i'ay fait,
Et que par cet adueu ie demeure asseurée
Que tout ce qui m'a pleu, doit estre de durée.
                D. MANRIQVE.
Tousiours Carlos, Madame, & tousiours son
     bon-heur
Fait dépendre de luy le nostre & vostre cœur:

Mais puiſque c'eſt par là , qu'il faut enfin vous
 plaire
Vous-meſme apprenez nous ce que nous pouuons
 faire.
Nous l'eſtimons tous deux vn des braues guerriers
A qui iamais la guerre ait donné des lauriers,
Noſtre liberté meſme eſt deuë à ſa vaillance;
Et quoy qu'il ait tantoſt monſtré quelque inſolence
Dont nous a deu piquer l'honneur de noſtre rang,
Vous auez ſuppleé l'obſcurité du ſang.
Ce qu'il vous plaiſt qu'il ſoit, il eſt digne de l'eſtre.
Nous luy deuons beaucoup , & l'allions recognoi-
 ſtre,
L'honorer en Soldat & luy faire du bien ;
Mais apres vos faueurs nous ne pouuons plus
 rien.
Qui pouuoit pour Carlos ne peut plus pour vn
 Comte,
Il n'eſt rien en nos mains qu'il en receuſt ſans
 honte,
Et vous auez pris ſoin de le payer pour nous.

D. ISABELLE.

Il en eſt en vos mains ; des preſents aſſez doux,
Qui purgeroient vos noms de toute ingratitude,
Et mon ame pour luy de toute inquietude;
Il en eſt dont ſans honte il ſeroit poſſeſſeur.
En vn mot, vous auez l'vn & l'autre vne ſœur,
Et ie veux que le Roy qu'il me plaira de faire
En receuant ma main, le faſſe ſon beau-frere;
Et que par cet Hymen ſon deſtin affermy
Ne puiſſe en mon eſpoux trouuer ſon ennemy.
Ce n'eſt pas apres tout que i'en craigne la hayne,
Ie ſçay qu'en cet Eſtat ie ſeray touſiours Reyne,
Et qu'vn tel Roy iamais, quel que ſoit ſon proiet,
Ne ſera ſous ce nom que mon premier Suiet,
Mais ie ne me plais pas à contraindre perſonne,
Et moins que tous vn cœur à qui le mien ſe donne.
Répondez donc tous deux , n'y côſentez vous pas?
D. MANRI.

D. MANRIQVE.

Oüy , Madame , aux plus longs & plus cruels
   trepas,
Pluftoft qu'à voir iamais de pareils Hymenées
Ternir en vn moment l'éclat de mille annees.
Ne cherchez point par là cette vnion d'efprits,
Voftre fceptre , Madame, eft trop cher à ce prix,
Et iamais......

D. ISABELLE.

    Ainfi donc vous me faites cognoiftre
que ce que ie l'ay fait,il eft digne de l'eftre ?
Que ie puis fuppleer l obfcurité du fang ?

D. MANRIQVE.

Oüy bien pour l'eleuer iufques à noftre rang.
Iamais vn Souuerain ne doit conte à perfonne
Des dignitez qu'il fait & des grandeurs qu'il
   donne :
S'il eft d'vn fort indigne , ou l'autheur,ou l'appuy,
Comme il le fait luy feul , la honte eft toute à luy.
Mais difpofer d'vn fang que i'ay receu fans tache!
Auant que le fouiller,il faut qu'on me l'arrache,
I'en dois conte aux ayeuls dont il eft herité,
A toute leur famille , à la pofterité....

D. ISABELLE.

Et moy , Manrique , & moy , qui n'en dois aucun
   conte,
I'en difpoferay feule & i'en auray la honte.
Mais quelle extrauagance a pû vous figurer
Que ie me donne à vous pour vous deshonorer ?
Que mon fceptre en vos mains porte quelque in-
   famie ?
Si ie fuis iufques là de moy mefme ennemie,
En quelle qualité de fuiet , ou d'amant,
M'oſez vous expliquer ce noble fentiment ?
Ah ! fi vous n'apprenez à parler d'autre forte...

D. LOPE.

Madame , pardonnez à l'ardeur qui l'emporte,
Il deuoit s'excufer auec plus de douceur.

Nous auons en effet l'vn & l'autre vne fœur,
Mais si i'ose en parler auec quelque franchise,
A d'autres qu'au Marquis l'vne & l'autre est pro-
   mise.

D. ISABELLE.

A qui, D. Lope ?

D. MANRIQVE.
A moy, Madame.

D. ISABELLE.

             Et l'autre ?

D. LOPE.

                A moy,

D. ISABELLE.

I'ay donc tort parmy vous de vouloir faire vn
   Roy.
Allez, heureux amants, allez voir vos Mai-
   stresses,
Et parmy les douceurs de vos dignes caresses,
N'oubliez pas de dire à ces ieunes esprits
Que vous faites du Trône vn genereux mépris.
Ie vous l'ay desia dit, ie ne force personne,
Et rends grace à l'Estat des amants qu'il me
   donne.

D. LOPE.

Escoutez-nous, de grace.

D. ISABELLE.

          Et que me direz-vous ?
Que la Constance est belle au iugement de tous,
Qu'il n'est point de grandeurs qui la doiuent
   seduire ?
Quelques autres que vous m'en sçauront mieux
   instruire,
Et si cette vertu ne se doit point forcer,
Peut-estre qu'à mon tour ie sçauray l'exercer.

D. LOPE.

Exercez-la, Madame, & souffrez qu'on s'explique.
Vous cognoistrez du moins D. Lope & D. Manrique,

Qu'vne vertueux amour qu'ils ont tous deux pour
        vous
Ne pouuant rendre heureux fans en faire vn
        ialoux,
Porte à tarir ainſi la ſource des querelles
Qu'entre les grands riuaux on voit ſi naturelles.
Ils ſe ſont l'vn à l'autre attachez par ces nœuds
Qu'n'auront leur effet que pour le malheureux.
Il me deura ſa ſœur, s'il faut qu'il vous obtienne,
Et ſi ie ſuis à vous, ie luy deuray la mienne.
Celuy qui doit vous perdre ainſi malgré ſon ſort
A s'approcher de vous fait encor ſon effort;
Ainſi pour conſoler l'vne ou l'autre infortune,
L'vne & l'autre eſt promiſe & nous n'en denons
        qu'vne,
Nous ignorons laquelle, & vous la choiſirez,
Puiſqu'enfin c'eſt la ſœur du Roy que vous ferez.
    Iugez donc ſi Carlos en peut eſtre beau-frere,
Et ſi vous deuez rompre vn nœud ſi ſalutaire,
Hazarder vn repos à voſtre Eſtat ſi doux
Qu'affermit ſous vos loix la concorde entre nous.
D. ISABELLE.
Et ne ſçauez-vous point qu'eſtât ce que vous eſtes,
Vos ſœurs par conſequent mes premieres Suiettes,
Les donner ſans mon ordre, & meſme malgré
        moy,
C'eſt dans mon propre Eſtat m'oſer faire la loy?
D. MANRIQVE.
Agiſſez donc enfin, Madame, en Souueraine,
Et ſouffrez qu'on s'excuſe, ou commandez en
        Reyne,
Nous vous obeïrons, mais ſans y conſentir.
Et pour vous dire tout, auant que de ſortir,
Carlos eſt genereux, il cognoit ſa naiſſance;
Qu'il ſe iuge en ſecret ſur cette cognoiſſance,
Et s'il trouue ſon ſang digne d'vn tel honneur,
Qu'il vienne, nous tiendrons l'alliance à bonheur,
Qu'il choiſiſſe des deux, & l'eſpouſe, s'il l'oſe.
D ij

Nous n'auons plus, Madame, à vous dire autre
    chose;
Mettre en vn tel hazard le choix de leur éspoux
C'est iusqu'où nous pouuons nous abaisser pour
    vous :
Mais encore vne fois que Carlos y regarde,
Et pense à quels perils cet Hymen le hazarde.

D. ISABELLE.

Vous-mesmes, gardez bien pour le trop dédai-
    gner,
que ie ne monstre enfin comme ie sçay regner.

SCENE V.

D. ISABELLE.

QVel est ce mouuement qui tous deux les muti-
    Lors que l'obeissance au trône les destine!(ne
Est-ce orgueil ? est-ce enuie ? est-ce animosité?
Défiance, mépris ou generosité ?
N'est-ce point que le Ciel ne consent qu'auec peine
Cette triste vnion d'vn Suiet à sa Reyne,
Et iette vn prompt obstacle aux plus aisez desseins
    qui laissent choir mon sceptre en leurs indignes
        mains?
Mes yeux n'ont-ils horreur d'vne telle bassesse
    que pour s'abaisser trop lors que ie les abaisse?
Quel destin à ma gloire oppose mon ardeur?
Quel destin à ma flame oppose ma grandeur ?
Si ce n'est que par là que ie m'en puis defendre,
Ciel, laissez-moy donner ce que ie n'ose prendre,
Et puisqu'enfin pour moy tu n'as point fait de
        Rois,
Souffrez de mes Suiets le moins indigne choix,

SCENE IV.

D. ISABELLE , BLANCHE.

D. ISABELLE.

BLanche, i'ay perdu temps.
                    BLANCHE.
                            Ie l'ay perdu de mefme.
            D. ISABELLE.
Les Comtes à ce prix fuyent le Diadéme.
            BLANCHE.
Et Carlos ne veut point de fortune à ce prix.
            D. ISABELLE.
Rend-il haine pour haine, & mépris pour mépris?
            BLANCHE.
Non , Madame, au contraire , il eftime ces Dames
Dignes des plus grands cœurs & des plus belles
    flames.
            D. ISABELLE.
Et qui l'empefche donc d'aymer & de choifir ?
            BLANCHE.

Quelque fecret obftacle arrefte fon defir.
Tout le bien qu'il en dit ne paffe point l'eftime,
Charmantes qu'elles font, les aymer c'eft vn crime.
Il ne s'excufe point fur l'inegalité,
Il femble pluftoft craindre vne infidelité,
Et fes difcours obfcurs fous vn confus mélange
M'ont fait voir malgré luy comme vne horreur du
    change,
Comme vne auerfion, qui pour tout fondement
N'a que les nœuds fecrets d'vn autre attache-
    ment,

D. ISABELLE.
Il aymeroit ailleurs!
BLANCHE.
                    Oüy , si ie ne m'abuse,
Il ayme en lieu plus haut que n'est ce qu'il refuse,
Et si ie ne craignois vostre iuste couroux
I'oserois deuiner , Madame , que c'est vous.
D.   ISABELLE.
Ah ! ce n'est pas pour moy qu'il est si temeraire,
Tantost dans ses respects i'ay trop veu le contraire:
Si l'eclat de mon sceptre auoit pû le charmer,
Il ne m'auroit iamais defendu de l'aymer.
S'il ayme en lieu si haut , il ayme D. Eluire,
Il doit l'accompagner iusques dans son Empire,
Et fait à mes amants ces deffis genereux,
Non pas pour m'acquerir , mais pour se vanger
      d'eux.
Ie l'ay donc aggrandy pour le voir disparoistre,
Et qu'vne Reyne ingrate à l'egal de ce traistre
M'enleue apres vingt ans de refuge en ces lieux
Ce qu'auoit mon Estat de plus doux à mes yeux !
Non , i'ay pris trop de soin de conseruer sa vie,
  Qu'il combate , qu'il meure , & i'en seray rauie,
Ie sçauray par sa mort à quels vœux m'engager,
Et i'aymeray des trois qui m'aura sçeu vanger.
BLANCHE.
Que vous peut offencer sa flame , ou sa retraite,
Puisque vous n'aspirez qu'à vous en voir défaite?
Ie ne sçay pas s'il ayme ou D. Eluire, ou vous,
Mais ie ne comprens point ce mouuement ialoux.
D. ISABELLE.
Tu ne le comprens point ! & c'est ce qui m'estône,
  Ie veux donner son cœur, non que son cœur le
      donne,
Ie veux que son respect l'empesche de m'aymer,
Non des flames qu'vn autre a sçeu mieux allumer.
Ie veux bien plus , qu'il m'ayme , & qu'vn iuste si-
   lence

Face à des feux pareils pareille violence,
Que l'inegalité luy donne mesme ennuy,
Qu'il souffre autant pour moy que ie souffre pour
    luy,
Que par le seul dessein d'affermir sa fortune,
Et non point par amour il se donne à quelqu'vne,
Que par mon ordre seul il s'y laisse obliger,
Que ce soit m'obeïr, & non me negliger,
Et que voyant ma flame à l'honorer trop prompte,
Il m'oste de peril, sans me faire de honte.
Car enfin il l'a veuë, & la cognoist trop bien;
Mais il aspire au Trône & ce n'est pas au mien,
Il me préfere vne autre, & cette preference
Forme de son respect la trompeuse apparence.
Faux respect, qui me braue & veut regner sans
    moy.

BLANCHE.

Pour aymer D. Eluire, il n'est pas encor Roy.
D. ISABELLE.
Elle est Reyne, & peut tout sur l'esprit d'vne
    mere.

BLANCHE.

Si ce n'est vn faux bruit, le Ciel luy rend vn frere,
D. Sanche n'est point mort, & vient icy, dit-on,
Auec les Deputez qu'on attend d'Arragon.
C'est ce qu'en arriuant leurs gens ont fait enten-
    dre.

D. ISABELLE.

Blanche, s'il est ainsi, que d'heur i'en dois atten-
    dre !
L'iniustice du Ciel, faute d'autres obiets,
Me forçoit d'abaisser mes yeux sur mes Suiets,
Ne voyant point de Prince égal à ma naissance,
Qui ne fust sous l'Hymen, ou Maure, ou dans l'en-
    fance;

Mais s'il luy rend vn frere, il m'enuoye vn espoux,
Comtes, ie n'ay plus d'yeux pour Carlos, ny pour
 vous,
Et deuenant par là Reyne de ma riuale,
Ie l'empescheray bien qu'elle ne se rauale,
Ie l'empescheray bien d'auoir plus de bon-heur
Que ne m'en ont permis ces tristes loix d'honneur,

BLANCHE.

La belle occasion que vostre jalousie,
Douteuse encor qu'elle est, a promptement sai-
 sie.

D. ISABELLE.

Allons l'examiner, Blanche, & taschons de voir
Quelle iuste esperance il en faut conceuoir.

FIN DV TROISIESME ACTE.

ACTE IV.

SCENE PREMIERE.

D. LEONOR, D. MANRIQVE, D. LOPE.

D. MANRIQVE.

Voy que l'espoir d'vn Trône & l'a-
   mour d'vne Reyne
Soient des biens que iamais on ne-
   ceda sans peine,
Quoy qu'à l'vn de nous deux elle
   ait promis sa foy,
Nous cessons de pretendre où nous
   voyons vn Roy.
Dans nostre ambition nous sçauons nous co-
   noistre,
Et benissans le Ciel qui nous donne vn tel maistre
Ce Prince qu'il vous rend apres tant de trauaux
Trouue en nous des Suiets & non pas des riuaux:
Heureux si l'Arragon ioint auec la Castille
Du sang de deux grands Roys ne fait qu'vne fa-
   mille.
Nous vous en coniurons, loin d'en estre ialoux,
Comme estans l'vn & l'autre à l'Estat plus qu'à
   nous;
Et tous impatiens d'en voir la force vnie
Des Maures nos voisins dompter la tyrannie.

Nous renonçons sans honte à ce choix glorieux
Qui d'vne grande Reyne abaissoit trop les yeux,
D. LEONOR.
La generosité de vostre deference,
Comtes, flatte trop tost ma nouuelle esperance:
D'vn aduis si douteux i'attens fort peu de fruit,
Et ce grand bruit enfin peut-estre n'est qu'vn bruit.
Mais iugez en vous-mesme, & me daignez ap-
    prendre
Ce qu'auecque raison mon cœur en doit attendre.
  Les troubles d'Arragon vous sont assez cognus,
Ie vous en ay souuent tous deux entretenus,
Et ne vous redy point quelles longues miseres
Chasserent D. Fernand du Trône de ses peres.
Il y voyoit desia monter ses ennemis,
Ce Prince malheureux, quand i'accouchay d'vn
    fils,
On le nomma D. Sanche, & pour cacher sa vie
Aux barbares fureurs du traistre D. Garcie,
A peine eus-ie loisir de luy dire vn Adieu,
Qu'il le fit enleuer, sans me dire en quel lieu;
Et ie n'ē pûs iamais sçauoir que quelques marques,
Pour recognoistre vn iour le sang de nos Monar-
    ques:
Trop inutiles soins contre vn si mauuais sort,
Luy-mesme au bout d'vn an m'apprit qu'il estoit
    mort.
Quatre ans apres il meurt, & me laisse vne fille
Dont ie vins par son ordre accoucher en Castille.
Il me souuient tousiours de ses derniers propos,
Il mourut en mes bras auec ces tristes mots.
Ie meurs, & ie vous laisse en vn sort déplorable,
Le Ciel vous puisse vn iour estre plus fauorable,
D. Raymond a pour vous des secrets importants,
Et vous les apprendra quand il en sera temps:
Fuyez dans la Castille. A ces mots il expire,
Et iamais D. Raymond ne me voulut rien dire,
Ie partis sans lumiere en ces obscuritez:

Mais le voyant venir auec ces Deputez,
Et que c'eſt par leurs gens que ce grand bruit
     éclate,
(Voyez qu'en ſa faueur aiſement on ſe flatte)
I'ay creu que du ſecret le temps eſtoit venu,
Et que D. Sanche eſtoit ce myſtere incognu,
Qu'il l'amenoit icy recognoiſtre vne mere.
Helas, que c'eſt en vain que mon amour l'eſperet
A ma confuſion ce bruit s'eſt éclaircy,
Bien loin de l'amener, ils le cherchent icy,
Voyez quelle apparence, & ſi cette Prouince
A iamais ſçeu le nom de ce malheureux Prince.
              D. LOPE.
Si vous croyez au nom, vous croirez ſon trepas,
Et qu'on cherche D. Sanche, ou D Sanche n'eſt pas;
Mais ſi vous en voulez croire la voix publique,
Et que noſtre penſee auec elle s'explique,
Ou le Ciel pour iamais a repris ce Heros,
Ou cet illuſtre Prince eſt le vaillant Carlos.
Nous le dirons tous deux, quoy que ſuſpeéts d'en-
     uie,
C'eſt vn miracle pur que le cours de ſa vie.
Cette haute vertu qui charme tant d'eſprits,
Cette fiere valeur qui braue nos mépris,
Ce port maieſtueux qui tout incognu méme
A plus d'accez que nous auprés du Diadéme,
Deux Reynes qu'à l'enuy nous voyons l'eſtimer,
Et qui peut-eſtre ont peine à ne le pas aymer.
Ce prompt conſentement d'vn peuple qui l'adore,
Madame, apres cela i'oſe vous dire encore,
Ou le Ciel pour iamais a repris ce Heros,
Ou cet illuſtre Prince eſt le vaillant Carlos.
Nous auons mepriſé ſa naiſſance incognuë.
Mais à ce peu de iour nous recouurons la veuë,
Et verrions à regret qu'il falluſt auiourd'huy
Ceder noſtre eſperance à tout autre qu'à luy,
              D. LEONOR.
Il en a le merite, & non pas la naiſſance,

Et luy-mefme il en donne affez de cognoiffance,
Abandonnant la Reyne à choifir parmy vous
Vn Roy pour la Caftille , & pour elle vn efpoux.

D. MANRIQVE.

Et ne voyez-vous pas que fa valeur s'apprefte
A faire fur tous trois cette illuftre conquefte ?
Oubliez-vous defia qu'il a dit à vos yeux
Qu'il ne veut rien deuoir au nom de fes ayeulx ?
Son grand cœur fe dérobe à ce haut auantage
Pour deuoir fa grandeur entiere à fon courage.
Dans vne Cour fi belle & fi pleine d'appas,
Auez-vous remarqué qu'il ayme en lieu plus bas ?

D. LEONOR.

Le voicy, nous fçaurons ce que luy mefme en pefe.

SCENE II.

D. LEONOR , CARLOS, D. MANRIQVE, D. LOPE.

CARLOS.

Madame , fauuez-moy d'vn honneur qui
m'offence.
Vn peuple opiniaftre à m'arracher mon nom
Veut que ie fois D. Sanche & Prince d'Arragon.
Puifque par fa prefence il faut que ce bruit meure,
Dois-ie eftre en l'attendant le fantofme d'vne
heure ?
Ou fi c'eft vne erreur qui luy promet ce Roy,
Souffrez-vous qu'elle abufe, & de vous, & de moy ?

D. LEONOR.

Quoy que vous prefumiez de la voix populaire,
Par de fecrets rayons le Ciel fouuent l'éclaire ;
Vous apprendrez par l. du moins les vœux de
Et quelle opinion les peuples ont de vous. (tous,

D. LO. E.

D. LOPE.

Prince, ne cachez plus ce que le Ciel découure,
Ne fermez pas nos yeux quand fa main nous les
     ouure,
Vous deuez eftre las de nous faire faillir ;
Nous ignorôs quels fruits vous en vouliez cueillir;
Mais nous auions pour vous vne eftime affez haute
Pour n'eftre pas forcez à commettre vne faute;
Et noftre honneur au voftre en aueugle oppofé
Meritoit par pitié d'eftre defabufé.
Noftre orgueil n'eft pas tel qu'il s'attache aux per-
     fonnes,
Ou qu'il ofe oublier ce qu'il doit aux Couronnes;
Et s'il n'a pas eu d'yeux pour vn Roy déguifé,
Si l'incognu Carlos s'en eft veu méprifé,
Nous refpectons D. Sanche, & l'acceptons pour
     maiftre
Si-toft qu'à noftre Reyne il fe fera cognoiftre.
Et fans doute fon cœur nous en aduouëra bien;
Haftez cette vnion de voftre fceptre au fien,
Seigneur, & d'vn Soldat quittant la fauffe image
Receuez comme Roy noftre premier hommage.

CARLOS.

Comtes, ces faux refpects dont ie me voy furpris,
Sont plus iniurieux encor que vos mépris.
Ie penfe auoir rendu mon nom affez illuftre
Pour n'auoir pas befoin qu'on luy donne vn faux
     luftre,
Reprenez vos honneurs où ie n'ay point de part.
I'imputois ce faux bruit aux fureurs du hazard,
Et doutois qu'il pûft eftre vne ame affez hardie
Pour eriger Carlos en Roy de Comedie :
Mais puifque c'eft vn ieu de voftre belle humeur,
Sçachez que les vaillants honorent la valeur,
Et que tous vos pareils auroient quelque fcrupule
A faire de la mienne vn éclat ridicule.
Si c'eft voftre deffein d'en réioüir ces lieux,
Quand vous m'aurez vaincu, vous me raillerez
     mieux.

La raillerie eſt belle apres vne victoire,
On la fait auec grace auſſi bien qu'auec gloire;
Mais vous précipitez vn peu trop ce deſſein,
La bague de la Reyne eſt encore en ma main,
Et l'incognu Carlos, ſans nommer ſa famille
Vous ſert encor d'obſtacle au Trône de Caſtille.
Ce bras qui vous ſauua de la captiuité
Peut s'oppoſer encore à cette auidité.

D. MANRIQVE.

Pour n'eſtre que Carlos, vous parlez bien en mai-
  ſtre,
Et tranchez bien du Prince, en déniant de l'eſtre,
Si nous auons tantoſt iuſqu'au bout defendu
L'hōneur qu'à noſtre rang nous voyions eſtre de u,
Nous ſçaurons bien encor iuſqu'au bout le de-
  fendre;
Mais ce que nous deuons, nous aymons à le rendre,
que vous ſoyez D. Sanche, ou qu'vn autre le ſoit,
L'vn & l'autre de nous luy rendra ce qu'il doit.
Pour le nouueau Marquis, quoy que l'honneur l'ir-
  rite,
Qu'il ſçache qu'on l'honore autant qu'il le merite;
Mais que pour nous combatre il faut que le bon
  ſang
Ayde vn peu ſa valeur à ſouſtenir ce rang.
Qu'il n'y préterde point à moins qu'il ſe declare:
Non que nous demandions qu'il ſoit Guzman, ou
  Lare,
Qu'il ſoit noble, il ſuffit pour nous traiter d'égal,
Nous le verrons tous deux comme vn digne riual:
Et ſi D. Sanche enfin n'eſt qu'vne attente vaine,
Nous luy diſputerons cet anneau de la Reyne.
Qu'il ſouffre cependant, quoy que braue guerrier,
que noſtre bras dédaigne vn ſimple auenturier.
Nous vous laiſſons, Madame, éclaircir ce myſtere,
Le ſang a des ſecrets qu'entend mieux vne mere,
Et dans les differens qu'auec luy nous auons
Nous craignōs d'oublier ce que nous vous deuons.

SCENE III.

D. LEONOR, CARLOS.

CARLOS.

MAdame, vous voyez comme l'orgueil me
traite,
Pour me faire vn honneur on veut que ie l'achepte;
Mais s'il faut qu'il m'en couste vn secret de vingt
ans,
Cet anneau dans mes mains pourra briller long-
temps.

D. LEONOR.

Laissons-là ce combat, & parlons de D. Sanche.
Ce bruit est grand pour vous, toute la Cour y
panche,
De grace, dites-moy, vous cognoissez-vous bien?

CARLOS.

Pleust à Dieu qu'en mon sort ie ne cogneusse rien.
Si i'estois quelque enfant épargné des tempestes,
Liuré dans vn desert à la mercy des bestes,
Exposé par la crainte, ou par l'inimitié,
Rencontré par hazard, & nourry par pitié;
Mon orgueil à ce bruit prendroit quelque espe-
rance
Sur vostre incertitude & sur mon ignorance.
Ie me figurerois ces destins merueilleux
Qui tiroient du neant les Heros fabuleux,
Et me reuestirois des brillantes chimeres
Qu'osa former pour eux le loisir de nos peres.
Car enfin ie suis vain, & mon ambition
Ne peut s'examiner sans indignation.
Ie ne puis regarder sceptre, ny Diadéme,
Qu'ils n'emportét mon ame au delà d'elle-mesme.

Inutiles eflans d'vn vol impetueux,
que pouffe vers le Ciel vn cœur préfomptueux;
que fouftiennent en l'air quelques exploits de
     guerre,
Et qu'vn coup d'œil fur moy rabat foudain à terre.
    Ie ne fuis point D. Sanche, & cognoy mes parēts,
Ce bruit me donne en vain vn nom que ie vous
     rends,
Gardez-le pour ce Prince, vne heure ou deux
     peut-eftre
Auec vos Deputez vous le feront cognoiftre;
Laiffez-moy cependant à cette obfcurité
Qui ne fait que iuftice à ma temerité.
D. LEONOR.
En vain donc ie me flatte, & ce que i'ayme à croire
N'eft qu'vne illufion que me fait voftre gloire?
Mon cœur vous en dedit, vn fecret mouuement
Qui le panche vers vous malgré moy vous dément;
Mais ie ne puis iuger quelle fource l'anime,
Si c'eft l'ardeur du fang, ou l'effort de l'eftime,
Si la nature agit, ou fi c'eft le defir,
Si c'eft vous recognoiftre, ou fi c'eft vous choifir,
Ie veux bien toutefois eftouffer ce murmure
Comme de vos vertus vne aymable impofture,
Condamner pour vous plaire vn bruit qui m'eft fi
     doux;
Mais où fera mon fils, s'il ne vit point en vous?
On veut qu'il foit icy, ie n'en vois aucun figne,
On cognoit horfmis vous quiconque en feroit
     digne,
Et le vray fang des Roys fous le Sort abatu
Peut cacher fa naiffance & non pas fa vertu.
Il porte fur le front vn luifant caractere
Qui parle malgré luy de tout ce qu'il veut taire,
Et celuy que le Ciel fur le voftre auoit mis
Pouuoit feul m'éblouïr fi vous l'euffiez permis.
Vous ne l'eftes donc point, puifque vous me le
     dites,

Mais vous estes à craindre auec tant de merites.
Souffrez que i'en demeure à cette obscurité.
Ie ne condamne point vostre temerité;
Mon estime au contraire est pour vous si puissante
Qu'il ne tiendra qu'à vous que mon cœur n'y con-
    sente :
Vostre sang auec moy n'a qu'à se declarer,
Et ie vous donne apres liberté d'esperer.
que si mesme à ce prix vous cachez vostre race.
Ne me refusez point du moins vne autre grace,
Ne vous preparez plus à nous accompagner,
Nous n'auõs plus besoing de secours pour regner,
La mort de D. Garcie a puny tous ses crimes,
Et rendu l'Arragon à ses Rois legitimes,
N'en cherchez plus la gloire, & quels que soient
    vos vœux,
Ne me contraignez point à plus que ie ne veux,
Le prix de la valeur doit auoir ses limites,
Et ie vous crains enfin auec tant de merites.
C'est assez vous en dire, Adieu, pensez y bien,
Et faites vous cognoistre, ou n'aspirez à rien.

SCENE IV.

CARLOS, BLANCHE.

BLANCHE.

QVi ne vous craindra point, si les Reynes vous
    craignent ?
CARLOS.
Elles se font raison, lors qu'elles me dédaignent.
BLANCHE.
Dédaigner vn Heros qu'on recognoit pour Roy!
CARLOS.
N'ayde point à l'Enuie à se ioüer de moy,

Blanche, & si tu te plais à seconder sa hayne,
Du moins respecte en moy l'ouurage de la Reyne.

BLANCHE.

La Reyne mesme en vous ne voit plus auiourd'huy
Qu'vn Prince que le Ciel nous monstre malgré luy.
Mais c'est trop la tenir dedans l'incertitude,
Ce silence vers elle est vne ingratitude,
Ce qu'a fait pour Carlos sa generosité,
Meritoit de D. Sanche vne ciuilité.

CARLOS.

Ah ! nom fatal pour moy, que tu me persecutes,
Et prepares mon ame à d'effroyables cheutes !

SCENE V.

D. ISABELLE, CARLOS, BLANCHE.

CARLOS.

Madame, commandez qu'on me laisse en re-
    pos,
Qu'on ne confonde plus D. Sanche auec Carlos,
C'est faire au nom d'vn Prince vne trop longue
    iniure,
Ie ne veux que celuy de vostre creature ;
Et si le sort ialoux qui semble me flatter
Veut m'eleuer plus haut pour m'en précipiter,
Souffrez qu'en m'éloignant ie dérobe ma teste
A l'indigne reuers que sa fureur m'appreste ;
Ie le voy de trop loin pour l'attendre en ce lieu,
Souffrez que ie l'éuite en vous disant Adieu,
Souffrez......

D. ISABELLE.

Quoy ce grand cœur redoute vne couronne ?

Quand on le croit Monarque, il fremit, il s'e-
    ftonne,
Il veut fuyr cette gloire , & fe laiffe alarmer
De ce que fa vertu force d'en préfumer?
CARLOS.
Ah ! vous ne voyez pas que cette erreur commune
N'eft qu'vne trahifon de ma bonne fortune;
Que defia mes fecrets font à demy trahis.
Ie luy cachois en vain ma race & mon païs,
En vain fous vn faux nom ie me faifois cognoiftre
Pour luy faire oublier ce qu'elle m'a fait naiftre:
Elle a defia trouué mon païs & mon nom.
Ie fuis Sanche, Madame, & né dans l'Arragon,
Et ie croy defia voir fa malice funefte
Deftruire voftre ouurage en découurant le refte,
Et faire voir icy par vn honteux effet
Quel Comte & quel Marquis voftre faueur a fait.
D. ISABELLE.
Pourrois-ie alors manquer de force, ou de courage,
Pour empefcher le Sort d'abatre mon ouurage?
Ne me derobez point ce qu'il ne peut ternir,
Et la main qui l'a fait fçaura le fouftenir:
Mais vous vous en formez vne vaine menace,
Pour faire vn beau pretexte à l'amour qui vous
    chaffe.
Ie ne demande plus d'où partoit ce dédain,
Quand i'ay voulu vous faire vn Hymen de ma
    main.
Allez dans l'Arragon fuiure voftre Princeffe,
Mais allez y du moins fans feindre vne foibleffe:
Et puifque ce grand cœur s'attache à fes appas,
Monftrez en la fuiuant, que vous ne fuyez pas.
CARLOS.
Ah ! Madame , pluftoft apprenez tous mes crimes,
Ma tefte eft à vos pieds, s'il vous faut des victimes.
Tout chetif que ie fuis ie dois vous aduoüer
Qu'en me plaignant du Sort i'ay de quoy m'en loüer,
S'il m'a fait en naiffant quelque defaduantage,

Il m'a donné d'vn Roy le nom & le courage,
Et depuis que mon cœur eſt capable d'aymer,
A moins que d'vne Reyne il n'a pû s'enflamer.
Voilà mon premier crime, & ie ne puis vous dire
Qui m'a fait infidelle, ou vous, ou D. Eluire:
Mais ie ſçay que ce cœur des deux parts engagé
Se donnant à vous deux ne s'eſt point partagé,
Touſiours preſt d'ébraſſer ſon ſeruice & le voſtre,
Touſiours preſt à mourir & pour l'vne & pour
     l'autre.
Pour n'en adorer qu'vne, il euſt fallu choiſir,
Et ce choix euſt eſté du moins quelque deſir;
    Quelque eſpoir outrageux d'eſtre mieux receu
     d'elle,
Et i'ay crû moins de crime à paroiſtre infidelle.
Qui n'a rien à pretendre, en peut bien aymer deux,
Et perdre en plus d'vn lieu des ſoupirs & des vœux.
Voylà mon ſecond crime, & quoy que ma ſouffrãce
Iamais à ce beau feu n'ait permis d'eſperance,
Ie ne puis, ſans mourir d'vn deſeſpoir ialoux,
Voir dãs les bras d'vn autre, ou D. Eluire, ou vous.
Voyant que voſtre choix m'appreſtoit ce martyre,
Ie voulois m'y ſouſtraire en ſuiuant D. Eluire,
Et languir aupres d'elle, attendant que le Sort
Par vn ſemblable Hymen m'euſt enuoyé la mort:
Depuis, l'occaſion que vous meſme auez faite
M'a fait quitter le ſoin d'vne telle retraite,
Ce trouble a quelque temps amuſé ma douleur,
I'ay crû par ces combats reculer mon malheur.
Le coup de voſtre perte eſt deuenu moins rude
Lors que i'en ay veu l'heure en quelque incerti-
     tude,
Et que i'ay pû me faire vne ſi douce loy
Que ma mort vous dõnaſt vn plus vaillãt que moy.
Mais ie n'ay plus, Madame, aucun combat à faire,
Ie voy pour vous D. Sanche vn eſpoux neceſſaire;
Car ce n'eſt point l'amour qui fait l'hymé des Rois,
Les raiſons de l'Eſtat reglent touſiours leur choix,

Leur feuere grandeur iamais ne fe ravale,
Ayant deuant les yeux vn Prince quil'égale;
Et puifque le faint nœud qui le fait voftre efpoux
 Arrefte comme fœur D. Eluire auec vous,
 Que ie ne puis la voir fans voir ce qui me tuë,
Permettez que i'éuite vne fatale veuë,
Et que ie porte ailleurs les criminels foûpirs
D'vn refte malheureux de tant de déplaifirs.

D. ISABELLE.

Vous m'en dites affez pour meriter ma hayne
Si ie laiffois agir les fentimens de Reyne.
Par vn trouble fecret ie les fens confondus,
Partez, ie le confens, & ne les troublez plus:
Mais non, pour fuir D. Sanche, attendez qu'on
    le voye,
Ce bruit peut eftre faux & me rendre ma ioye.
Que dis-ie? allez, Marquis, i'y côfens de nouueau,
Mais auant que partir donnez luy mon anneau,
Si ce n'eft toutefois vne faueur trop grande
Que pour tant de faueuts vne Reyne demande.

CARLOS.

Vous voulez que ie meure, & ie dois obeïr,
Deuft cette obeïffance à mon fort me trahir,
Ie receuray pour grace vn fi iufte fupplice,
S'il en rompt la menace & preuient la malice,
Et fouffre que Carlos en donnant cet anneau
Emporte ce faux nom & fa gloire au tombeau.
C'eft l'vnique bon heur où ce coulpable afpire.

D. ISABELLE.

Que n'eftes vous D. Sanche? Ah, Ciel, qu'ofay-ie
    dire!
Adieu, ne croyez pas ce foûpir indifcret.

CARLOS.

Il m'en a dit affez pour mourir fans regret.

FIN DV QVATRIESME ACTE,

ACTE V.

SCENE PREMIERE.

D. ALVAR, D. ELVIRE.

D. ALVAR.

Nfin apres vn fort à mes vœux ſi con-
    traire,
Ie dois benir le Ciel qui vous renuoye
    vn frere,
Puiſque de noſtre Reyne il doit eſtre
    l'eſpoux,
Cette heureuſe vnion me laiſſe tout à vous.
Ie me vois affranchy d'vn honneur tyrannique,
D'vn ioug que m'impoſoit cette faueur publique,
D'vn choix qui me forçoit à vouloir eſtre Roy:
Ie n'ay plus de combat à faire contre moy,
Plus à craindre le prix d'vne triſte victoire;
Et l'infidelité que vous faiſoit ma gloire,
Conſent que mon amour de ſes loix dégagé
Vous rende vn inconſtant qui n'a iamais changé.

D. ELVIRE.

Vous eſtes genereux ; mais voſtre impatience
Sur vn bruit incertain prend trop de confiance,
Et cette prompte ardeur de rentrer dans mes fers
Me conſole trop toſt d'vn Trône que ie perds,
Ma perte n'eſt encor qu'vne rumeur confuſe
Qui du nom de Carlos, malgré Carlos abuſe,
Et vous ne ſçauez pas, à vous en bien parler,

Par quelle offre, & quels vœux on m'en peut con-
     foler.
Plus que vous ne penfez la Couronne m'eft chere,
Ie perds plus qu'on ne croit, fi Carlos eft mõ frere.
Attendez les effets que produiront ces bruits.
Attendez que ie fçache au vray ce que ie fuis,
Si le Ciel m'ofte, ou laiffe enfin le Diadéme,
S'il vous faut m'obtenir d'vn frere, ou de moy-
     mefme,
Si par l'ordre d'autruy ie vous dois écouter,
Ou fi i'ay feulement mon cœur à confulter.
          D. ALVAR.
Ah! ce n'eft qu'à ce cœur que le mien vous de-
     mande,
Madame, c'eft luy feul que ie veux qui m'entende,
Et mon propre bonheur m'accableroit d'ennuy,
Si ie n'eftois à vous que par l'ordre d'autruy.
Pourrois-ie de ce frere implorer la puiffance
Pour ne vous obtenir que par obeïffance,
Et par vn lafche abus de fon authorité
M'eleuer en tyran fur voftre volonté?
          D. ELVIRE.
Auec peu de raifon vous craignez qu'il arriue,
Qu'il ait des fentimens que mon ame ne fuiue:
Le digne fang des Rois n'a point d'yeux que leurs
     yeux,
Et leurs premiers Suiets obeïffent le mieux.
Mais vous eftes eftrange auec vos déferences
Dont les fubmiffions cherchent des affeurances,
Vous ne craignez d'agir contre ce que ie veux
Que pour tirer de moy que i'accepte vos vœux,
Et vous obftineriez dans ce refpeĉt extréme
Iufques à me forcer à dire, *ie vous ayme*.
Ce mot eft vn peu rude à prononcer pour nous;
Souffrez qu'à m'expliquer i'en trouue de plus
     doux,
Ie vous diray beaucoup fans pourtant vous rien
     dire,

Ie ſçay depuis quel temps vous aymez D. Eluire,
Ie ſçay ce que ie dois, ie ſçay ce que ie puis,
Mais encor vne fois ſçachons ce que ie ſuis;
Et ſi vous n'aſpirez qu'au bon-heur de me plaire,
Taſchez d'approfondir ce dangereux myſtere.
Carlos a tant de lieu de vous conſiderer,
Que s'il deuient mon Roy, vous pouuez eſperer.

D. ALVAR.

Madame.....

D. ELVIRE.

En ma faueur donnez-vous cette peine,
Et me laiſſez de grace entretenir la Reyne.

D. ALVAR.

I'obeïs auec ioye, & feray mon pouuoir
A vous dire bien-toſt ce qui s'en peut ſçauoir.

SCENE II.

D. LEONOR, D. ELVIRE,

D. LEONOR.

Dom Aluar me fuit-il?

D. ELVIRE.

Madame, a ma priere
Il va dãs tous ces bruits chercher quelque lumiere.
I'ay craint en vous voyãt vn ſecours pour ſes feux,
Et de defendre mal mon cœur contre vous deux.

D. LEONOR.

Ne pourrra-t'il iamais gaigner voſtre courage?

D. ELVIRE.

Il peut tout obtenir ayant voſtre ſuffrage.

D. LEONOR.

Ie luy puis donc enfin promettre voſtre foy?

D. ELVIRE.

Oüy, ſi vous luy gaignez celuy du nouueau Roy.

D. LEO-

D. LEONOR.
Et ſi ce bruit eſt faux ? ſi vous demeurez Reyne ?
D. ELVIRE.
Que vous puis-ie répondre en eſtant incertaine ?
D. LEONOR.
En cette incertitude on peut faire eſperer.
D. ELVIRE.
On peut attendre auſſi pour en deliberer,
On agit autrement quand le pouuoir ſupréme ....

SCENE III.

D. ISABELLE, D. LEONOR, D. ELVIRE.

D. ISABELLE.

I'Interromps vos ſecrets, mais i'y prends part
    moy-meſine,
Et i'ay tant d'intereſt de cognoiſtre ce fils
Que i'oſe demander ce qui s'en eſt appris.
D. LEONOR.
Vous ne m'en voyez point dauantage éclaircie.
D. ISABELLE.
Mais de qui tenez-vous la mort de D. Garcie,
Veu que depuis vn mois qu'il vient des Deputez
On parloit ſeulement de peuples reuoltez ?
D. LEONOR.
Ie vous puis ſur ce point ayſément ſatisfaire,
Leurs gens m'en ont donné la raiſon aſſez claire.
On aſſiegeoit encor alors qu'ils ſont partis
Dedans leur dernier Fort D. Garcie, & ſon fils;
On l'a pris toſt apres, & ſoudain par ſa priſe
D. Raymond priſonnier recouurant ſa franchiſe,
Les voyant tous deux morts, publie à haute voix

que nous auions vn Roy du vray sang de nos
   Rois,
que D. Sanche viuoit, & part en diligence
Pour rendre à l'Arragon le bien de sa presence,
Il ioint nos Deputez hier sur la fin du iour,
Et leur dit que ce Prince estoit en vostre Cour.
   C'est tout ce que i'ay pû tirer d'vn Domestique,
Outre qu'auec ces gens rarement on s'explique,
Comme ils entendent mal, leur rapport est confus,
Mais bien-tost D. Raymond vous dira le surplus.
que nous veut cependant Blanche toute estonnée?

SCENE IV.

D. ISABELLE, D. LEONOR, D. ELVIRE, BLANCHE.

BLANCHE.

AH, Madame!

D. ISABELLE.
Qu'as-tu?

BLANCHE.
    La funeste iournée?

Vostre Carlos ......

D. ISABELLE.
Et bien?

BLANCHE.
    Son pere est en ces lieux,

Et n'est ......

D. ISABELLE.
quoy?

BLANCHE.
Qu'vn Pescheur.

D. ISABELLE.

BLANCHE.   qui te l'a dit?

D. ISABELLE.   Mes yeux.

Tés yeux?

BLANCHE.

Mes propres yeux.

D. ISABELLE.

que i'ay peine à les croire!

D. LEONOR.

Voudriez-vous, Madame, en apprendre l'hiftoire?

D. ELVIRE.

Que le Ciel eft iniufte!

D. ISABELLE.

Il l'eft, & nous fait voir
Par cet iniufte effet fon abfolu pouuoir,
Qui du fang le plus vil tire vne ame fi belle,
Et forme vne vertu qui n'a luftre que d'elle.
Parle, Blanche, & dy nous comme il voit ce mal-
heur.

BLANCHE.

Auec boaucoup de honte, & plus encor de cœur.
Du haut de l'efcalier ie le voyois defcendre.
En vain de ce faux bruit il fe vouloit defendre:
Voftre Cour obftinée à luy changer de nom
Murmuroit tout autor, D. SANCHE D'ARRAGON.
Quand vn chetif vieillard le faifit & l'embraffe,
Luy qui le recognoift, fremit de fa difgrace,
Puis laiffant la Nature à fes pleins mouuements,
Répond auec tendreffe à fes embraffements.
Ses pleurs meflent aux fiens vne fierté fyncere,
On n'entend que foûpirs *Ah mon fils! ah mon pere!*
O iour trois fois heureux! moment trop attendu!
Tu m'as rendu la vie, &, vous m'auez perdu.
Chofe eftrange, à ces cris de douleur & de ioye
Vn grãd peuple amaffe ne veut pas qu'on les croye,
Il s'aueugle foy mefme, & ce pauure Pefcheur
En defpit de Carlos paffe pour impofteur:

Dans les bras de ce fils on luy fait mille hontes,
C'est vn fourbe, vn meschãt suborné par les Côtes.
Eux-mesmes (admirez leur generosité)
S'efforcent d'affermir cette incredulité.
Non qu'ils prénent sur eux de si lasches pratiques,
Mais ils en font autheur vn de leurs Domestiques,
Qui pensent bien leur plaire, a si mal à propos
Instruit ce malheureux pour affronter Carlos.
Auec auidité cette histoire est receuë,
Chacũ la tiét trop vraye aussi-tost qu'elle est sçeuë,
Et pour plus de croyance à cette trahison,
Les Comtes font traisner ce bon-homme en prisõ.
Carlos rend témoignage en vain côtre soy mesme,
Les veritez qu'il dit cedent au stratagéme,
Et dans le deshonneur qui l'accable auiourd'huy
Ses plus grands enuieux l'en sauuent malgré luy.
Il tempeste, il menace, & boüillant de colere
Il crie à pleine voix qu'on luy rende son pere,
On tremble deuant luy sans croire son couroux.
Et rien….Mais le voicy qui s'en vient plaindre à
    vous.

SCENE V.

D ISABELLE, D. LEONOR, D. ELVIRE, BLANCHE, CARLOS, D. MANRIQVE, D. LOPE.

CARLOS.

ET bien, Madame, enfin on cognoit ma naissãce,
Voilà le digne fruit de mon obeïssance;
l'ay préueu ce malheur, & l'aurois éuité,
Si vos commandements ne m'eussent arresté,

Ils m'ont liuré, Madame, à ce moment funeste,
Et l'on m'arrache encor le seul bien qui me reste!
On me vole mon pere, on le fait criminel!
On attache à son nom vn opprobre éternel!
Ie suis fils d'vn Pescheur, mais nõ pas d'vn infame,
La bassesse du sang ne va point iusqu'à l'ame,
Et ie renonce aux noms de Comte & de Marquis
Auec bien plus d'honneur qu'aux sentimés de fils,
Rien n'en peut effacer le sacré caractere,
De grace commandez qu'on me rende mon pere:
Ce doit leur estre assez de sçauoir que ie suis,
Sans m'accabler encor par de nouueaux ennuis.

D. MANRIQVE.

Forcez ce grand courage à conseruer sa gloire,
Madame, & l'empeschez luy mesme de se croire.
Nous n'auõs pû souffrir qu'vn bras qui tant de fois
A fait trembler le Maure & ployer sous nos Rois.
Receust de sa naissance vne tache eternelle,
Tant de valeur merite vne source plus belle.
Aydez ainsi que nous ce peuple à s'abuser,
Il ayme son erreur, daignez l'authoriser,
A tant de beaux exploits rendez cette iustice,
Et de nostre pitié soustenez l'artifice.

CARLOS.

Ie suis bien malheureux, si ie vous fais pitié.
Reprenez vostre orgueil, & vostre inimitié:
Apres que ma fortune a saoulé vostre enuie
Vous plaignez ayſément mon entrée à la vie,
Et me croyant par elle à iamais abbatu
Vous exercez sans peine vne haute vertu.
Peut-estre elle ne fait qu'vne embusche à la miéne.
La gloire de mon nom vaut bien qu'on la retiéne.
Mais son plus bel éclat seroit trop achepté
Si ie le retenois par vne lascheté,
Si ma naissance est basse, elle est du moins sãs tac e
Puisque vous la sçauez ie veux bien qu'on la sçache.
Sanche fils d'vn Pescheur, & non d'vn imposteur,
De deux Comtes iadis fut le liberateur;

F iij

Sãche fils d'vn Pescheur mettoit n'aguere en peine
Deux illuftres riuaux fur le choix de leur Reyne:
Sanche fils d'vn Pescheur tient encor en fa main
Dequoy faire biẽ-toft tout l'heur d'vn Souuerain;
Sanche en fin malgré luy dedans cette Prouince
Quoy que fils d'vn Pescheur,a paffé pour vn Prince.
　Voilà ce qu'a pû faire,& qu'a fait à vos yeux
Vn cœur que raualoit le nom de fes ayeulx.
La gloire qui m'en refte apres cette difgrace
Efclate encor affez pour honorer ma race,
Et paroiftra plus grande à qui comprendra bien
Qu'à l'exemple du Ciel i'ay fait beaucoup de riẽ.
D. LOPE.
Cette noble fierté defauoüe vn tel pere,
Et par vn temoignage à foy-mefme contraire,
Obfcurcit de nouueau ce qu'on voit éclaircy.
Non, le fils d'vn Pefcheur ne parle point ainfi,
Et fon ame paroift fi dignement formée,
Que i'en croy plus que luy l'erreur que i'ay femée.
Ie le fouftiens,Carlos, vous n'eftes point fon fils,
La iuftice du Ciel ne peut l'auoir permis,
Les tendreffes du fang vous font vne impofture,
Et ie déments pour vous la voix de la Nature.
　Ne vous repentez point de tant de dignitez
Dont il vous pleuft orner fes rares qualitez,
Iamais plus digne main ne fit plus digne ou-
　　urage,
Madame,il les releue auec ce grand courage,
Et vous ne leur pouuiez trouuer plus haut appuy,
Puifque mefme le Sort eft au deffous de luy.
D. ISABELLE.
La generofité qu'en tous les trois i'admire
Me me mettent vn eftat de n'auoir que leur dire,
Et dans la nouueauté de ces euenemens
Par vn illuftre effort préuient mes fentimens.
　Ils paroiftront en vain, Comtes, s'ils vous exci-
　　tent
A luy rendre l'honneur que fes hauts faits meritẽt,

Et ne dedaigner pas l'illustre & rare obiet
D'vne haute valeur, qu'affronte vn sang abiet;
Vous courez au deuant auec tant de franchise
Qu'autât que du Pescheur ie m'en trouue surprise.
   Et vous que par mon ordre icy i'ay retenu,
Sanche, puisqu'à ce nom vous estes recognu,
Miraculeux Heros, dont la gloire refuse
L'auantageuse erreur d'vn peuple qui s'abuse,
Parmy les déplaisirs que vous en receuez.
Puis-ie vous consoler d'vn sort que vous brauez?
Puis-ie vous demander ce que ie vous voy faire ?
Ie vous tiens malheureux d'estre né d'vn tel pere,
Mais ie vous tiens ensemble heureux au dernier
      point
D'estre né d'vn tel pere, & de n'en rougir point,
Et de ce qu'vn grand cœur mis dans l'autre balāce
Emporte encor si haut vne telle naissance.

SCENE IV.

D. ISABELLE, D. LEONOR, D. ELVIRE, CARLOS, D. MANRIQVE, D. LOPE, D. ALVAR, BLANCHE.

D. ALVAR.

PRincesses, admirez l'orgueil d'vn prisonnier
   Qu'en faueur de son fils on veut calomnier.
Ce malheureux Pescheur par promesse, ny crainte,
Ne sçauroit se resoudre à souffrir vne feinte:
I'ay voulu luy parler, & n'en fais que sortir.
I'ay tasché, mais en vain, de luy faire sentir
Combien mal à propos sa presence importune
D'vn fils si genereux renuerse la fortune,

Et qu'il le perd d'honneur à moins que d'aduoüer
Que c'est vn lasche tour qu'on le force à ioüer:
I'ay mesme à ces raisons adiousté la menace,
Rien ne peut l'ebrãler, Sanche est tousiours sa race:
Et quand à ce qu'il perd de fortune & d'honneur,
Il dit qu'il a dequoy le faire grand Seigneur,
Et que plus de cent fois il a sçeu de sa femme
(Voyez qu'il est credule & simple au fonds de
        l'ame)
Que voyant ce present qu'en mes mains il a mis,
La Reyne d'Arragon aggrandiroit son fils.
                 à D. Leonor.
Si vous le receuez auec autant de ioye,
Madame , que par moy ce vieillard vous l'enuoye,
Vous donnerez sans doute à cet illustre fils
Vn rang encor plus haut que celuy de Marquis:
Ce bonhomme en paroist l'ame toute comblée.

        D. Aluar presente à D. Leonor vn petit escrin qui
        s'ouure sans clef au moyen d'vn ressort secret.

                D. ISABELLE.
Madame , à cet aspect vous paroissez troublée:
                D. LEONOR.
I'ay bien suiet de l'estre en recenant ce don,
Madame , i'en sçauray si mon fils vit, ou non,
Et c'est où le feu Roy déguisant sa naissance
D'vn sort si precieux mit la recognoissançe,
Disons ce qu'il enferme auant que de l'ouurir.
Ah, Sanche, si par là ie le puis découurir,
Vous pouuez estre seur que vous, & vostre pere,
Aurez dans l'Arragon vne puissance entiere,
Et qu'apres ce tresor que vous m'aurez rendu
Il n'est aucun espoir qui vous soit deffendu.
Mais à ce doux trãsport c'est desia trop permettre,
Trouuons nostre bon-heur auant que d'en pro-
        mettre.
        Ce present donc enferme vn tissu de cheueux
Que receut D. Fernand pour arres de mes vœux,

Son portrait & le mien, deux pierres les plus rares
Que forme le Soleil sous les climats barbares,
Et pour vn témoignage encore plus certain
Vn billet que luy-mesme écriuit de sa main.

Vn GARDE.

Madame, D. Raymond vous demande audience.

D. LEONOR.

Qu'il entre, pardonnez à mon impatience,
Si l'ardeur de le voir & de l'entretenir
Auant voftre congé l'ose faire venir.

D. ISABELLE.

Vous pouuez commander dans toute la Castille,
Et ie ne vous voy plus qu'auec des yeux de fille.

SCENE VII.

D. ISABELLE, D. LEONOR, D. ELVIRE, CARLOS, D. MANRIQVE, D LOPE, D. ALVAR, BLANCHE, D. RAYMOND.

D. LEONOR.

Laissez là, D. Raymond, la mort de nos Tyrans,
Et rendez seulement D. Sanche à ses parents.
Vit-il, peut-il brauer nos fieres destinées ?

D. RAYMOND.

Sortant d'vne prison de plus de six années,
Ie l'ay cherché, Madame, ou pour les mieux brauer
Par l'ordre du feu Roy ie le fils eleuer,
Auec tant de secret, que mesme vn second pere
Qui l'estime son fils, ignore ce mystere.
Ainsi qu'en voftre Cour, Sanche y fut son vray nom,

Et l'on n'en retrancha que cet illustre Don.
Là i'ay sçeu qu'à seize ans son genereux courage
S'indigna des emplois de ce faux parentage,
Qu'impatient desia d'estre si mal tombé,
A sa fausse bassesse il s'estoit dérobé,
Que déguisant son nom, & cachant sa famille,
Il auoit fait merueille aux guerres de Castille,
D'où quelque sien voisin depuis peu de retour,
L'auoit veu plein de gloire & fort bien dãs la Cour,
Que du bruit de son nom elle estoit toute pleine,
Qu'il estoit cognu mesme & chery de la Reyne,
Si bien que ce Pescheur d'aise tout transporté,
Auoit couru chercher ce fils si fort vanté.

D. LEONOR.

D. Raymond, si vos yeux pouuoiët le recognoistre?

D. RAYMOND.

Ouy, ie le voy, Madame. Ah Seigneur, ah mon
   maistre.

D. LOPE.

Nous l'auions bien iugé, grand Prince, rëdez vous,
La verité paroist, cedez aux vœux de tous.

D. LEONOR.

D. Sanche, voulez-vous estre seul incredule?

CARLOS.

Ie crains encor du Sort vn reuers ridicule,
Mais, Madame, voyez si le billet du Roy
Accorde à D. Raymond ce qu'il vous dit de moy.

D. LEONOR ouure l'escrin, & en
tire vn billet qu'elle lit.

Pour tromper vn Tyran, ie vous trompe vous-mesme,
Vous reuerrez ce fils que ie vous fais pleurer,
Cette erreur luy peut rendre vn iour le Diadéme,
Et ie vous l'ay caché pour le mieux asseurer.

Si ma feinte vers vous passe pour criminelle,
Pardonnez-moy les maux qu'elle vous fait souffrir,
De crainte que les soins de l'amour maternelle
Par leurs empressemens le fissent découurir.

Nugne, vn pauure Pescheur, s'en croit estre le pere,

Sa femme en son absence accouchant d'vn fils mort
Elle reçeut le vostre, & sçeut si bien se taire,
Que le pere & le fils en ignorent le sort.
    Elle mesme l'ignore, & d'vn si grand échange
Elle sçait seulement qu'il n'est pas de son sang,
Et croit que ce present par vn miracle estrange
Doit vn iour par vos mains luy rendre son vray rang.
    A ces marques vn iour daignez le recognoistre,
Et puisse l'Arragon retournant sous vos loix
Apprendre ainsi que vous de moy qui l'ay veu naistre,
Que Sanche, fils de Nugne, est le sang de ses Rois.

    D. FERNAND D'ARRAGON.
    D. LEONOR. apres auoir leu.
Ah, mon fils, s'il en faut encore dauantage,
Croyez en vos vertus & vostre grand courage.

    CARLOS recognu pour D. Sanche, à D. Leonor.
Ce seroit mal répondre à ce rare bonheur
Que vouloir me defendre encor d'vn tel honneur,
    à D. Isabelle.
e reprens toutefois Nugne pour mon vray pere
i vous ne m'ordonnez, Madame, que i'espere.

    D. ISABELLE.
C'est trop peu d'esperer, quand tout vous est ac-
    quis.
e vous auois fait tort en vous faisant Marquis,
Et vous n'aurez pas lieu desormais de vous plain-
    dre
De ce retardement où i'ay sçeu vous contraindre:
Et pour moy, que le Ciel destinoit pour vn Roy
Digne de la Castille & digne encor de moy,
I'auois mis cette bague en des mains assez bonnes
Pour la rendre à D. Sanche, & ioindre nos Cou-
    ronnes.

    CARLOS.
e ne m'estonne plus de l'orgueil de mes vœux,
Qui sans le partager donnoient mon cœur à deux;
Dans les obscuritez d'vne telle auanture
Amour se confondoit auecque la Nature.

D. ELVIRE

Le noftre y repondoit, fans faire honte au rang,
Et le mien vous payoit ce que deuoit le fang

CARLOS à D. *Eluire.*

Si vous m'aymez encor & m'honorez en frere,
Vn efpoux de ma main pourroit-il vous déplaire?

D. ELVIRE.

Si D. Aluar de Lune eft cet illuftre efpoux,
Il vaut bien à mes yeux tout ce qui n'eft point vous.

CARLOS à D. *Eluire.*

Il honoroit en moy la vertu toute nuë.

à D. *Maurique* & *D. Lope.*

Et vous qui dedaigniez ma naiffance incognuë,
Comtes & les premiers en cet euenement
Iugiez en ma faueur fi veritablement,
Voftre dedain fut iufte autant que fon eftime,
C'eft la mefme vertu fous vne autre maxime.

D. RAYMOND à D. *Ifabelle.*

Souffrez qu'à l'Arragon il daigne fe monftrer,
Nos Deputez, Madame, impatiens d'entrer....

D. ISABELLE.

Il vaut mieux leur donner audience publique,
Afin qu'aux yeux de tous ce miracle s'explique,
Allons, & cependant qu'on mette en liberté
Celuy par qui tant d'heur nous vient d'eftre apporté,
Et qu'on l'amene icy plus heureux qu'il ne penfe
Receuoir de fes foins la digne recompenfe.

FIN.